Jedes Kind ist ein Geschenk

Elisabeth Stenmans

Jedes Kind ist ein Geschenk

Aus meinem Leben als Mutter
von 34 Kindern

IRISIANA

Zert.-Nr. SGS-COC-001940
www.fsc.org
© 1996 Forest Stewardship Council

Verlagsgruppe Random House FSC-DEU-0100
Das für dieses Buch verwendete FSC-zertifizierte Papier
Munken Premium liefert Arctic Paper Munkedals AB, Schweden.

Bildnachweis:
Alle Bilder im Innenteil stammen von Elisabeth Stenmans,
die Bilder auf S.8 oben und auf der U4 sind
von Elisabeth Stenmans und C.Luxenburger.
Das Coverfoto wurde von Torsten Zimmermann fotografiert.
Umschlaggestaltung: HildenDesign, München
Druck und Bindung: GGP Media GmbH, Pößneck

Printed in Germany

ISBN 978-3-424-15045-2

817 2635 4453 6271

Inhalt

Einleitung

Ich blicke zurück und ziehe eine Zwischenbilanz

Wenn ich auf mein Leben zurückblicke, reflektiere ich Vieles. Manches konnte ich leisten, aber nicht alle Vorstellungen realisieren. Mitunter lag dies an äußeren Umständen, aber auch meine eigenen Schwächen haben hin und wieder eine Rolle gespielt. Wichtig für mich ist es, nach einem Resümee aus der mir noch vergönnten Lebenszeit das Beste zu machen. Niemand weiß – und in höherem Alter mit wachsendem Risiko – wie lange er geistig und körperlich gesund ist und sich engagieren kann bzw. wie viel Zeit zum Leben noch verbleibt. Deshalb habe ich eine kleine Liste mit persönlichen Zielen für mein restliches Leben zusammengestellt. Ich möchte weiterhin in Afrika tätig sein, um die Hilfe zur Selbsthilfe auszuweiten. Ferner möchte ich wieder häufiger nach Asien reisen, um herauszufinden, wie die Balance zwischen den Interessen des Individuums und der Gesellschaft gewährleistet werden kann. Und für mich möchte ich mehr unverplante Zeit schaffen und mehr Raum für die Erfüllung meiner eigenen Bedürfnisse.

Meinen Kindern vermittle ich immer wieder von Neuem den Satz »carpe diem« – nutze den Tag. Ich wünsche es keinem Menschen, dass er am Ende seines Lebens resignierend bedauern muss, viele seiner Träume nicht verwirklicht haben zu können. Natürlich kann nicht alles gelingen, natürlich können wir nicht all unsere Träume umsetzen. Von mir kann ich dann aber mit Gelassenheit das sagen, was ich meiner Tochter Liseron bereits als kleinem Kind vermittelte: »Nicht alles kann gelingen, aber mit Gottes Hilfe kann alles gut werden. Wir sind in Seiner Hand«.

Meinen Eltern bin ich dankbar dafür, dass sie mir zwar ihre Werte vermittelt haben, trotzdem aber akzeptierten, dass ich einen anderen Weg gehen wollte und musste, als sie für mich vorsahen. Sie trainierten mich in Disziplin und Selbstbeherrschung, erlebten jedoch, dass ich nicht bereit war, meine Gefühle zu unterdrücken. Ich lehnte es ab, in Wohlstand zu leben, und meine Eltern tolerierten dies. Sie sahen, wie ich im Laufe meines Lebens vielerlei materielle und finanzielle Zugeständnisse meiner Kinder wegen machte, aber sie akzeptierten, dass ich kein Vermögen ansammeln wollte, sondern es vorzog, eine Basis für Persönlichkeitsentwicklung zu schaffen. Kultur, Bücher, Reisen und Kommunikation mit Politikern, Buchautoren, Künstlern haben einen großen Stellenwert, Konsum hat einen geringen. Häufig werde ich gefragt, wie ich die große Familie finanziere. Den Unterhalt sichere ich selbst, ich kann jedoch auch auf Gelder aus dem Vermögen meiner Eltern zurückgreifen.

Oft erinnere ich mich an Fantasien, die ich mit acht oder neun Jahren hatte: Mehrmals tauchte plötzlich ein Bild vor meinem inneren Auge auf. Ich sah mich durch aufgewühlte Wogen schwimmen, ein etwa dreijähriges Kind lag auf meinem Rücken und klammerte sich an mir fest. Immer wieder wurde ich unter das salzige Wasser gedrückt, das in meinen Augen brannte. Ich kämpfte mich verzweifelt durch die Wellen, denn es ging um Hilfe für das Kind, um Leben oder Tod. Mit dem Mut der Verzweiflung hatte ich nur ein Ziel vor Augen: Trotz der eigenen Lebensgefahr wollte und musste ich das hilflose Kind retten. Nie im Leben hätte ich damals gedacht, dass Jahre später diese fantasierte Vorstellung Wirklichkeit werden könnte, dass ich tatsächlich in vergleichbare Situationen kommen würde! Ich habe viele Wege, übliche und unübliche, beschritten, um Kindern ein Überleben zu sichern und ein menschenwürdiges Leben zu ermöglichen. In vielen Situationen habe ich dafür mein

Leben und meine Existenz aufs Spiel gesetzt. Bereut habe ich es nie. Vieles von dem, was ich erzähle, mag unwahrscheinlich oder gar unglaubwürdig klingen, aber alles, was ich berichte, hat sich genau so abgespielt.

In meiner Familie wachsen hochintelligente Kinder neben Kindern mit geistigen und körperlichen Behinderungen partnerschaftlich auf. Sicher ist eines: Jedes meiner Kinder verdient Hochachtung, Respekt, Anerkennung und Bewunderung für die Entwicklung seiner individuellen Persönlichkeit. Ich bin dankbar für sein Vertrauen, sich auf mich als Mutter und auf einen unbekannten Kulturkreis mit neuen Werten eingelassen zu haben. Ich selbst sehe mich als Begleiterin, als Unterstützerin, als Werkzeug. Werkzeuge werden hin und wieder beiseitegelegt; das ist in Ordnung. Wer liebt, muss mitunter warten und abwarten können. Jedes Kind wird von mir als Partner gesehen, dem ich etwas geben darf und von dem ich etwas lernen kann. Unter dieser Prämisse konnte sich die Liebe zu meinen Kindern entfalten, konnte die Familiengemeinschaft gelingen. Auf dieser Basis habe ich mich zu einer Frau entwickelt, die handelt und aktiv etwas tut gegen Benachteiligung, Armut, Not und Elend. Jedes neu angenommene Kind habe ich stets verstärkt und bestätigt, sofern es ein sozial adäquates Verhalten zeigte. Hätte ich dies nicht gemacht, wären die Kinder, auf alle Fälle die größeren, für Schule und Gemeinschaft zumeist nicht tragbar. So aber erkennen sie die Normen und Werte unserer Gesellschaft an, versuchen, sich im Rahmen ihrer Möglichkeiten sozial zu engagieren, und sind gut integriert.

Mir ist es sehr wichtig, meinen Kindern zu vermitteln, dass ich sie unabhängig von ihrem Leistungsvermögen anerkenne und liebe. Da ich auch Kinder mit Beeinträchtigungen adoptiert habe, konnte ich feststellen, wie unbeschwert und selbstsicher sie sich in einer Atmosphäre der Partnerschaft entwickelten. Sie blühten auf, und ich selbst stellte mit Erstaunen und Dankbarkeit fest, welche Fähigkeiten auch in die familiäre Gemeinschaft eingebracht werden konnten. Daher ermutigte ich auch manche schwangere Mutter dazu, ihrem möglicherweise beeinträchtigten Baby eine Chance auf Leben zu geben, wobei einige Kinder entgegen der Prognose sogar gesund zur Welt kamen.

Für mich ist jedes Kind ein bereicherndes Geschenk Gottes, das in seiner Individualität einzigartig und kostbar ist.

Stationen meines Lebens

*Warum ich mein Leben schon mit 12 Jahren radikal
änderte, wie ich meine Umgebung schockierte.
Wie bestimmte Gegebenheiten mich geprägt und
welche entscheidenden Erlebnisse zu meiner Berufung
und den späteren Adoptionen geführt haben.*

Von der Fantasie
zur Wirklichkeit

Als Sechsjährige schwärmte ich für unseren Klassenlehrer. Mittags ging er den Schulweg mit mir zusammen, weil er ganz in unserer Nähe wohnte. Diese Begleitung machte mich ganz glücklich, denn ich war von ihm begeistert. Für mich war er einfach vollkommen. Er wusste alles, konnte alles, für ihn wollte ich lernen und die Klassenbeste sein. Immer wieder gab es Situationen, in denen die Schwärmerei für meinen Klassenlehrer neue Nahrung bekam. Dass ich deshalb bereits als Sechsjährige den Entschluss gefasst hatte, später einmal Lehrerin zu werden, lag auf der Hand und ebenso, dass ich schon damals jede Arbeit mit Kindern für wertvoll hielt.

Als ich sieben war, wurden Mutter und Vater meine Vorbilder. Immer wieder wollte ich hören, wie sich meine Mutter im Krieg verhalten hat. Andächtig lauschte ich den bekannten Erzählungen. Sie hatte vor ihrem Englischstudium in jungen Jahren ein Praktikum in einem Kindergarten gemacht. Dies war für sie nicht einfach gewesen, aber sie hatte sich stets gesagt, dass sie mit ihrem Durchhaltevermögen alles schaffen würde. Ihr Leitsatz war: »Ich will! Dies Wort ist mächtig, spricht's einer ernst und still. Die Sterne reißt vom Himmel das eine Wort: Ich will!« Dieser Einstellung gemäß hatte sie die verwahrlosten Kinder einer stadtbekannten Familie nacheinander in den Luftschutzkeller getragen. Andere hatten sich geweigert, das zu tun. Sie erzählte mir von den Kleidern, die sie den bedürftigen Kindern gegeben hat, damit daraus etwas zum Anziehen für sie geschneidert werden konnte. Sie berichtete, dass sie auf die Kinder ihrer Schwester aufgepasst hatte, auch wenn sie lieber gespielt hätte. Sie stellte ihre eigenen Bedürfnisse zurück, um anderen zu helfen. Ich bewunderte meine Mutter dafür, denn mir waren meine eigenen Wünsche noch wichtig. Hilfsbereit und willensstark wie meine Mutter wollte ich später einmal sein! Auch die Geschichten meines Vaters beeindruckten mich tief, dass er nicht schießen wollte, weggelaufen ist vor dem Krieg. Ich bewunderte ihn, weil er sich anders verhielt als die vielen Mitläufer. Mir war es noch wichtig, mich einzuordnen und nicht aufzufallen. So klug wie mein Vater wollte ich später auch einmal werden. Vor allem wollte ich mutig sein!

Meine Mutter staunte immer wieder neu über ihre Achtjährige, die stets einen Pulk von Schulfreunden um sich hatte. Für mich hingegen war es selbstverständlich, dass ich meine Kindergruppe zu begeistern verstand. Ich hatte viele kreative Ideen, die von den anderen aufgegriffen wurden. Am liebsten suchte ich mit den Kindern innerhalb unseres Betriebsgeländes jene Orte auf, wo es Abfälle vom Sägen, Fräsen, Schweißen, Drehen gab. Daraus bauten wir dann Kunstobjekte, utopische Gerätschaften, Maschinen, Fahrzeuge und vieles mehr. Dass wir oft verjagt wurden, weil die Spielorte für Kinder zu gefährlich waren, störte mich nicht. Ich wartete stets auf eine günstige Gelegenheit, um zurückzukehren, und gab nie auf. Stets war ich beharrlich und erreichte mein Ziel – trotz mancher Strafen und Blessuren. Ich hatte viel Fantasie und war voller Lebensfreude. Wir kletterten auch viel herum und suchten Eisenstangen, Holzbretter, leere Behältnisse und Folien, aus denen wir Spielhütten bauten und mit Kisten als Sitze ausstatteten. Wir bekamen von der Mutter Obst, Kuchen und Getränke und genossen es, in unserer Hütte zu essen. Abends begaben sich meine Schwester und ich in unser blitzsauberes weißes Mädchenzimmer, legten uns in die weichen duftenden Kissen, und unsere Mutter las uns eine Gutenachtgeschichte vor. Wir fühlten uns geborgen. Zu jenem Zeitpunkt ahnte ich noch nicht, dass mir später in Afrika einmal Kinder begegnen würden, die nicht behütet aufwuchsen. Ich wusste nichts von Kindern, die gezwungen waren, sich mit einer großen Familie eine so primitiv gebaute Hütte zu teilen, die derjenigen meiner Kinderzeit ähnelte. Ich konnte mir nicht vorstellen, dass sie dort ohne Wasser, ohne Toilette, ohne Herd, ohne Strom hausen mussten, und dass dies für die Kinder absolut kein Spiel war, sondern trauriger Ernst. Es überstieg mein Vorstellungsvermögen, dass es auf der Welt Kinder geben könnte, die als Esstisch nur einfache Kisten haben und als Bett den gestampften Boden, dass sie häufig verfaulte Abfälle essen und diese auch noch oft mit Gewalt erkämpfen oder erbetteln müssen.

Mit neun Jahren hatte ich erstmals Gelegenheit, mich für andere Kinder einzusetzen. Sie wohnten in unserer Nähe und waren die jüngeren Brüder der Freundin meiner Schwester, die für uns eine Gastschwester war. Sie kam aus einer Flüchtlingsfamilie. Jeden Morgen in der Früh holte sie meine Schwester Waltraud und mich ab, um mit uns zur Schule zu gehen. Nach dem Unterricht aßen wir alle zusammen, und danach half uns meine Mutter bei den Hausaufgaben. Dann spielten wir auf unserem Betriebsgelände, auf dem unser Wohnhaus stand; mein Vater hatte eine kleinere Fabrik. Erst später erfuhr ich, dass unsere Gastschwester in ärmlichen Verhältnissen in einem Dachgeschoss lebte und auf ihre kleinen Brüder aufpassen musste, was sie sehr belastete. Manchmal nahm ich ihr diese Aufgabe ab und hatte Freude daran, denn ich liebte die kleinen Buben, trocknete häufig ihre Tränen und brachte sie zum Lachen. Dabei gewann ich die Gewissheit, mit Kindern gut umgehen zu können. Etwas später hatte ich ein Schlüsselerlebnis. Ich durfte unsere Gastschwester in ihre Wohnung begleiten, weil sie etwas vergessen hatte. Da ihre Eltern nicht da waren, konnte ich mich ganz ungeniert umsehen und entdeckte an exponierter Stelle einen Haken mit einem Gürtel. Ich fragte danach, und sie erzählte mir, dass sie vom Vater damit geschlagen und bestraft würde. Das erschreckte mich sehr, und ich nahm mir vor, eine gewaltfreie Erziehung von Kindern anzustreben und mich für das Wohl von Kindern einzusetzen.

Mit zehn Jahren bekam ich von meiner Mutter häufig Stubenarrest. Das war für mich hart, weil ich die Freiheit und das Toben im Gelände liebte. Als ich wieder einmal »arretiert« war, dachte ich über den Grund dafür nach und wieso es wieder einmal dazu gekommen war. Nichts anderes hatte ich gemacht, als bei einem Spiel meiner Schwester mit unserer Gastschwester einzugreifen, weil sie, wenn auch einvernehmlich, ständig gepfuscht hatten. Deshalb hatte ich ihre Spielzüge einfach rückgängig gemacht, worüber sich wiederum die beiden lautstark ärgerten. Daraufhin erschien meine Mutter und warf mir vor, wieder einmal die Ursache für einen Streit zu sein, über den ich während eines Stubenarrestes nachdenken solle. Ich steigerte mich jedoch in immer größeren Trotz: Die Welt war ungerecht, keiner verstand mich. Statt mich für meinen Kampf um Gerechtigkeit zu loben, wurde ich von meiner Mutter dafür bestraft!
Während mir bei diesem Erlebnis die Ungerechtigkeit bewusst war, erkannte ich sie in einem anderen Zusammenhang auch als Elfjährige noch nicht. Wenn ich morgens in die Bahn stieg, waren die Wagen meist so voll, dass Berufstätige und Schüler nicht genügend Sitzplätze fanden und eng aneinander gepresst stehen mussten. Es entstand zwischendurch Streit unter den Kindern, und mit aufmerksamem Blick hätte man sehen können, dass sie häufig müde und die Zustände für einen guten Start in den Tag nicht geeignet waren. Ich hingegen fühlte mich entspannt, denn mir machte der volle Zug nichts aus: Freundlich bat ich die Stehenden, etwas zur Seite zu gehen, öffnete die Schiebetür und trat in das Abteil der ersten Klasse ein. Hier

herrschte kein Gedränge. Hier war es leer und ruhig. Ich ließ mich in die weichen Samtpolster fallen, holte mein Vokabelheft heraus, las die englischen Wörter für den anstehenden Test noch einmal durch und machte mir keine Gedanken über meinen privilegierten Tagesbeginn.

Was mein Leben änderte

Erst mit zwölf Jahren änderte sich das durch ein gravierendes Erlebnis. Mein Vater als Unternehmer konnte seine Familie häufig auf Reisen mitnehmen. Wir hatten die Vorbereitungen für eine anstehende Kreuzfahrt gerade abgeschlossen. Meine Schwester und ich hatten unsere persönlichen Sachen eingepackt, und es konnte losgehen – zunächst mit dem Auto zum Hafen. Als wir ankamen, empfanden wir das Schiff als beeindruckend, durch nichts zu vergleichen mit den mir bis dahin bekannten Dampfern. Über lange Gänge wurden wir in unsere Kabine geführt. Meine Schwester Waltraud und ich waren begeistert von allem, was wir sahen: Den komfortabel eingerichteten Salons, dem Swimmingpool auf Deck, dem Fitnessraum, den Clubs, dem Bordkino, der Musikhalle und vielem mehr. In den folgenden Tagen genossen wir ausgedehnte Mahlzeiten bei angenehmer Musik, wechselnde Darbietungen von Unterhaltungskünstlern und Vorträge über die Kultur der Länder, deren Häfen wir anlaufen würden.

Die Tage flogen mit angenehmem Bordleben und Ausflügen dahin – bis zu jenem Ereignis, das plötzlich alles veränderte. Bei einigen der bei Kreuzfahrten üblichen und immer geplanten Landgänge durfte ich mich manchmal ganz allein ein wenig umsehen, während meine Eltern und meine Schwester sich in Rufnähe aufhielten. In einem Ort an der Küste Afrikas sah ich beispielsweise Hütten, die denen meiner Kindheitsspiele ähnelten, so dass ich erfreut darauf zugehen wollte. Doch erschrocken blieb ich stehen: Hier war die Umgebung nicht grün, hier spielten keine wohlgenährten Kinder! Zerlumpte Mütter traten aus den Hütten, die Babys mit aufgequollenen Hungerbäuchen auf dem Arm hielten und bettelten. Einige Männer saßen apathisch auf dem Boden, benebelt von Alkohol und Kat, den Rausch erzeugenden Blättern. Mädchen trugen Wasserbehälter auf dem Kopf und dazu noch ihre jüngeren Geschwister auf dem Rücken. Jungen prügelten sich um einen Fußball, den sie sich aus Plastik, Stoff und Kordel gebastelt hatten. Immer wieder fielen sie auf dem mit Exkrementen übersäten lehmigen Platz hin, waren umschwirrt von Unmengen Fliegen. Bei einigen sah ich vereiterte Augen. Ich war entsetzt, aber auch tief betroffen! Meine Kehle schien wie zugeschnürt, wie betäubt ging ich weiter. Obwohl es überhaupt nicht kalt war, zitterte ich. Rechts und links lagen riesigen Mengen von Unrat und Abfall. Große Kinderaugen blickten mich an, die von Entbehrung und Not sprachen. Die Kinder liefen barfuß durch den von Urin und Kot aufgeweichten Boden. Zahlreiche Wunden zeugten davon, dass sie sich die Haut an ihren Füßen durch Steine oder Splitter aufgerissen hatten, und manchen Kindern konnte ich ansehen, dass sie krank waren, und ich vermutete, dass einige von ihnen sterben würden. Es war offensichtlich, dass sie keinerlei medizinische Betreuung hatten. Es schien mir, als würden Klappen von meinen Augen gerissen. Das konnte doch alles nicht wahr sein: Diese Kinder lebten in Behausungen, die nicht einmal an den Standard meiner Spielhütten heranreichten! Meine Seele krampfte sich zusammen, Tränen stiegen mir in die Augen, und ganz benommen kehrte ich mit meiner Familie zum Schiff zurück. Später stand ich an der Reling, blickte auf zu den Wolken, zur Sonne, spürte Gottes Nähe und seinen Anruf! Eine Beschreibung dafür ist nicht möglich. Ich kann nur sagen, dass ab sofort für mich nichts mehr so war wie zuvor. Fortan wollte ich mein Leben ausrichten nach den Bibelworten »Liebe deinen Nächsten wie dich selbst« und »Was du dem geringsten deiner Brüder getan hast, das hast du mir getan«. Ich wollte umkehren, mein Leben ändern, fühlte mich wie neugeboren. Ich hatte meinen Weg, meine Zukunft, meine Berufung erkannt.

Am Abend saß ich mit den Eltern und Waltraud beim Captain's Dinner. Es erwartete uns ein Sechs-Gänge-Menü, eingeleitet durch den Aufmarsch weiß-gold gekleideter Stewards, die mit einem Tusch brennende Wunderkerzen, Eisgebilde und Blumen hereintrugen. Während die Augen der übrigen Kreuzfahrtgäste voller Erwartung strahlten und sie sich auf die zu erwartenden Genüsse freuten, eröffnete ich meinen Eltern, dass für mich ab heute Schluss sei mit einem solch angenehmen Leben. Ohne mir eine Vorstellung von der Bedeutung machen zu können, hatte ich einmal in irgendeinem Missionsheftchen gelesen, dass in Afrika oder Asien mit nur 30 oder 40 DM ein Kind einen Monat lang ernährt und medizinisch versorgt werden könne. Also erklärte ich meinen Eltern, dass ich ab sofort alles verweigern würde, was über die existenziellen Notwendigkeiten hinausgehen würde; dass ich jeden Pfennig sparen wollte, um Not leidenden Kindern zu helfen. Meiner erstaunten Familie kündigte ich an, dass ich in einigen Jahren nach Afrika, Asien und Südamerika gehen würde, um dort soziale Projekte ins Leben zu rufen und Armut zu lindern. Ich eröffnete den erschrockenen Eltern, dass ich später einmal kranke und behinderte Kinder aufnehmen würde. Ich begründete genau, warum ich an diesem Sechs-Gänge-Menü nicht teilnehmen könnte. In der darauf folgenden Diskussion erreichte meine wortgewandte und psychologisch geschickte Mutter zunächst einmal einen Kompromiss: Wenn ich jetzt der Familie das Dinner und den Abend nicht verderben und wenigstens etwas essen würde, dann wäre meine Mutter bereit, mir das monatliche Unterhaltsgeld für ein Kind in Afrika zur Verfügung zu stellen bzw. mir dabei zu helfen, es weiterzuleiten.

Endlich ein Ziel vor Augen

Nach Rückkehr von der Kreuzfahrt reagierte mein Umfeld schockiert auf die Änderung meiner Lebensgewohnheiten: Ich lehnte nicht nur die üblichen Erste-Klasse-Fahrten ab, sondern ging nach Möglichkeit zu Fuß, um jeden Pfennig sparen und spenden zu können. Ich ließ mir das Friseurgeld geben, schnitt mir die Haare mit einer kleinen Heckenschere selbst und sparte für den Unterhalt eines Kindes in Afrika. Ich lehnte neue Kleidung ab und räumte mein Zimmer um. Ich besorgte Bilder Not leidender Kinder und heftete sie an die Wände. Hinzu kamen Sprüche aus der Bibel. Zum Leben ausreichend schien mir eine Matratze. Natürlich gab es viele Diskussionen mit den Eltern, besonders mit der Mutter. Natürlich konnte ich nicht alles durchsetzen, was ich wollte, aber ich erreichte viel. Ich gab alles weg, was ich geben konnte. Ich spendete Taschengeld und Erspartes. Ich lebte radikal. Nun hatte ich ein Lebensziel. Ich strebte danach, meine Berufung zu verwirklichen, mich »mit Haut und Haaren« unter Einsatz meiner Existenz für Not leidende Kinder einzusetzen!

Don Bosco, Elisabeth von Thüringen, Damian de Veuster, Maximilian Kolbe, Mutter Theresa, die Ärztin und Nonne Dr. Ruth Pfau aus Pakistan und viele andere wurden meine Vorbilder für Lebensweisen im Dienste des Nächsten. Ich bin dankbar, dass ich mich in diesen radikalen Jahren trainiert und gestählt habe für den Verzicht im weiteren Leben: Ich habe gelernt, meine Bedürfnisse auf ein Minimum zu reduzieren, und das war notwendig, um Kindern aus ärmsten Lebensverhältnis-

sen helfen zu können. Es war erforderlich, um die Vor-Adop-
tionszeit mit den Kindern erfolgreich zu überstehen, für die
Hilfe vor Ort nicht möglich war. Ich war froh, dass ich gelernt
hatte, meine Bedürfnisse zu reduzieren. Wie hätte ich sonst bei
40 Grad Hitze morgens mit nur einer halben Tasse Flüssigkeit
für die nächsten 10 Stunden auskommen können. Wie hätte
ich – in Ermangelung einer Gelegenheit – bis zu 10 Stunden
am Tag auf Toilettengänge verzichten können. Wie wäre es mir
möglich gewesen, Schmutz, Läuse, Flöhe, Krätze, Fieber und
totale Erschöpfung auszuhalten und zwei bis drei Wochen auf
Nahrung zu verzichten. Ich war froh, dass ich gelernt hatte,
mich mit eiserner Disziplin zurückzunehmen! Ansonsten wäre
ich auch heute nicht in der Lage, mein tägliches Arbeitspensum
zu erfüllen und die umfassende Arbeit für die Kinder zu leisten, um ihnen zu dienen.

Ich gelte als Außenseiterin

Dass ich mit meinem Äußeren in der Schule aneckte, versteht
sich von selbst. Normalerweise trugen fünfzehn- und sechzehnjährige Mädchen damals Röcke, Seidenstrümpfe und
Pumps. Ich wollte bewusst mehr an meinem Inneren statt an
meinem Äußeren arbeiten. Meist besuchte ich vor der Schule
den Gottesdienst. Außerdem meditierte ich gerne und las während der Pause das Stundengebet statt zu rauchen oder mit anderen Mädels oder Burschen in der Ecke zu stehen. Ich hielt
Hosen, die in den 60er Jahren selbst in einer öffentlichen Schule
als anstößig galten und strengstens verboten waren, für weitaus
zweckmäßiger als Röcke oder Kleider. Ich war eine Außensei-
terin, die in ständiger Kampfbereitschaft war – auch wenn der
Kampf zwischen mir und den Lehrern mitunter sehr ungleich
war, wie der einer Maus mit einem Löwen. Aber dadurch trainierte ich über Jahre hinweg Fähigkeiten, die ich für die spätere

Annahme meiner Kinder unbedingt brauchen würde. Unter anderem zählten dazu Standhaftigkeit, Durchhaltevermögen, innere Sicherheit, Zielstrebigkeit und der eiserne Willen, nie aufzugeben. Ich war voller Gerechtigkeitsstreben, aber ich war rigoros. Trotz meiner Religiosität sah ich nicht ein, warum es in der katholischen Kirche keine Priesterinnen geben sollte. Ich forderte Diskussionen mit anderen jungen Leuten heraus, mit Lehrern, Ordensleuten, schrieb und verteilte Flugblätter und schockierte damit auch die Menschen, die mich als in ihrer Gemeinschaft integriert empfunden hatten. Es war nicht leicht mit mir, aber ich ließ mich von niemandem vereinnahmen. Ich zeigte den Eigensinn manch junger Menschen, die noch nicht über die nötige Lebenserfahrung verfügen, um sinnvolle Kompromisse eingehen zu können. Aber ich entwickelte auch die ungeheuren Kräfte junger Menschen. Ich hatte Ideen, setzte mich ein, ging mit offenen Augen durch die Welt, pflegte zu etlichen Sozialstationen Kontakte. Alles diente der Vorbereitung auf meine Lebensaufgabe, später einmal Kinder aufnehmen zu können, entweder als Nonne oder als Mutter. Für die endgültige Wahl wollte ich mir Zeit lassen.

Meine Probleme mit rigiden Vorschriften

Mit siebzehn Jahren wurde ich Mitglied der Dominikanischen Frauengemeinschaft. Ich war von jener Gruppierung innerhalb der Kirche begeistert, weil dort ein weltoffenes Christentum gelebt wurde, die Frauen ihre Gelübde der Armut, Ehelosigkeit und Bindung/Gehorsam gegenüber Kirche/Evangelium ablegten, jedoch keine Tracht trugen. Sie lebten nicht im Kloster, trafen sich aber regelmäßig in ihrem Stammhaus und konnten sich beruflich intensiv für ihre Mitmenschen engagieren. In dieser Gemeinschaft gab es zwei Frauen, die sich in Puquio (Peru) für Mütter und deren Kinder einsetzten, die in bitterer

Armut lebten. Zu ihnen pflegte ich Briefkontakt und erlernte bereits eifrig die spanische Sprache. Ich knüpfte auch Kontakte zu kirchlichen Heimen, die in Armutsländern Waisenkinder oder verlassene Kinder aufnahmen. Es gefiel mir jedoch nicht, dass die Bezugspersonen, sofern sie Ordensleute waren, mit Versetzung rechnen mussten. Ich wollte für den Fall, dass ich versetzt werden sollte, nicht an diesen Gehorsam gebunden sein. Ich wollte nicht dauernd an einen anderen Ort versetzt werden. Ich wollte nicht vorgeschrieben bekommen, wie viel Geld monatlich für den Unterhalt eines Kindes auszugeben sei. Ein hierarchisches Reglement lehnte ich ab. Ich wollte offen sein, um in der mir eigenen Weise flexibel reagieren, geben und für immer lieben zu können. In der mir eigenen Weise lieben – das bedeutete für mich auch, etwa eine weinende Mitschwester in die Arme zu nehmen und zu trösten. Die Frau war wohl um zwanzig Jahre älter und hatte auf mich sehr verzweifelt gewirkt. Aber meine menschliche Geste war verboten. Ich wurde zur Oberin gerufen und darüber belehrt, dass man in der Dominikanischen Gemeinschaft körperliche Nähe jeder Art ausschließen wolle. Damit war mein Entschluss gefallen. Trotz meiner Hochachtung vor der Gemeinschaft verließ ich sie. Ich blieb unangepasst und seitdem auch latent einsam, weil ich auf die Geborgenheit einer Ordensgemeinschaft verzichten musste, trotzdem aber ständig aus dem normalen gesellschaftlichen Rahmen fiel und auf Skepsis oder Unverständnis stieß. Als Ordensschwester wäre mein Tun akzeptiert worden und mir spätere Unbill erspart geblieben.

Lehrstunden für mein späteres Leben

Als Achtzehn-, Neunzehnjährige hatte ich vorübergehend ein winziges Zimmer im Seniorenhaus des Kölner Pantaleon Klosters bezogen. Eigentlich fühlte ich mich wohl dort. Ich genoss es, jederzeit in die Kapelle gehen zu können und ich mochte die alten Damen. Trotzdem eckte ich aber auch hier wieder an: Eine der Ordensschwestern hatte mich getadelt, weil ich mich vor der Klosterpforte zu einem obdachlosen Mann gesetzt und mit ihm geredet hatte. Diesem Mann waren von der Klostertüre aus wiederholt Brote in die Hand gedrückt und die Tür dann gleich wieder geschlossen worden. Dies fand ich – gelinde gesagt – erniedrigend für den Mann! Daher hatte ich mich beim nächsten Mal zu ihm gesetzt, als er seine Brote im Park des Klosters verzehrte. Ich fragte ihn nach seinem Namen und ließ mir aus seinem Leben berichten. Wie einzelne andere Obdachlose vor ihm, war auch dieser hocherfreut über die ihm entgegengebrachte Aufmerksamkeit und Wertschätzung. Er reagierte gerührt auf die mitmenschlich-christliche Liebe. Für mich war dies jedoch eine Selbstverständlichkeit.

Besonders am Herzen lag mir auch eine alte Frau, deren Zimmerchen genau neben dem meinen lag. Sie hatte früher in der Küche des Klosters gearbeitet und bekam nun zum Dank für ihre Tätigkeit freie Kost und Logis. Dieses Fräulein Ahrend wurde von den meisten der feinen zahlenden Damen geschnitten und aß in der Küche statt wie die anderen im Speiseraum. Während die zahlenden Bewohnerinnen des Seniorenheimes miteinander spazieren gingen und sich über dies und das austauschten, blieb Fräulein Ahrend, eine kleine, zarte, dürre, blasse und leise Frau, stets allein. Sie mochte etwa um das Jahr 1893 in Ostpreußen geboren sein und hatte bis zur Vertreibung dort als Magd gedient. Sie war eine alte Jungfer, deren Zimmerchen stets muffig roch, die Luft vermischt mit dem penetranten Duft von Mottenkugeln. Angehörige und Freunde hatte sie nicht. Umso glücklicher war sie, wenn sie von ihrer jungen Nachbarin Besuch bekam. Ich setzte mich zu ihr aufs Sofa und hörte zu, wenn sie von ihrem harten Leben erzählte. Dabei lernte ich Geduld und aktives Zuhören – beides Eigenschaften, die ich später für meine angenommenen Kinder im Höchstmaß benötigte. Dass ich während der Erzählungen das Fräulein in den Arm nahm, seine Wange streichelte und seine Hand hielt, bedeutete für mich das Überschreiten einer gewissen anerzogenen Hemmschwelle. Später erwies es sich als sinnvoll, solche Hemmschwellen zu überschreiten, nämlich in den Ländern meiner angenommenen Kinder. Weil ich keinerlei Berührungsängste hatte, fiel es mir dann leicht, auf deren Kontaktpersonen oder Verwandte zuzugehen. Mein altes Fräulein jedenfalls freute sich offensichtlich über die Gespräche und genoss die Zuwendung, die es ihr Leben lang entbehren musste. Unsere liebevolle Beziehung überstand auch meinen unumgänglichen Auszug in eine eigene Kleinstwohnung. Sobald es meine Zeit erlaubte, besuchte ich das alte Fräulein. Dabei war ich bestrebt, die alte Frau auch an meinem Leben teilhaben zu lassen, achtete jedoch darauf, sie nicht zu erschrecken und zu schockieren. Auch dieses Training kam mir in Ländern zugute, in denen völlig unterschiedliche Wertvorstellungen und Normen herrschen. Ohne mich zu verleugnen, lernte ich, auf Menschen der unterschiedlichsten Lebensbedingungen und -traditionen angemessen einzugehen und sie mit meinen Vorstellungen nicht zu überfordern. Deshalb blieb gegenüber dem alten Fräulein auch eine Episode unerwähnt, die es verstört hätte. Ich war eines Abends ganz bewusst mit der Absicht in eine Diskothek gegangen, um dort mit jungen Leuten über Gott, den Sinn des Lebens sowie tätige Nächstenliebe zu reden. Wie naiv und dumm ich doch war! Ich fiel auf das vorgegebene Interesse eines Mannes herein, der mit mir die Diskothek verließ, um in meiner kleinen Wohnung angeblich in Ruhe von mir zu hören, wie er durch eine Beziehung zu Gott Kraft bekommen könne. Ich reagierte mit panischer Angst, als ich seine wahren Absichten erkennen musste – und bin bis heute dafür dankbar, dass dieser Mann – nachdem ich auf sein wirkliches Ansinnen nicht eingegangen war – letztendlich, wenn auch schimpfend, aber ohne mir Gewalt anzutun, verschwand. Solche Lehrstunden hatte ich als behütetes Töchterlein dringend nötig, denn sonst hätte ich später in den kriminalisierten Slums Afrikas, Asiens oder Südamerikas nicht überleben können!

Ich war voller Ideale, aber ich kannte die Welt nicht und musste mich umgucken und lernen. Ich hatte eine Ahnung von dem, was verbesserungswürdig wäre, und war gewillt, mich für positive Veränderungen mit allen Kräften einzusetzen. Als zweite Schulsprecherin wurde ich einmal für eine Familienzeitschrift interviewt und sagte mit jugendlich überzogenem Selbstbewusstsein: »Ich will einmal Gesellschaft prägen.«

Lernen für die Zukunft

Wenn ich häufiger auf meine Eltern gehört hätte, wäre mir manch Unbill erspart geblieben. Andererseits lernte ich aus meinen Fehleinschätzungen und Fehlern, wurde vorsichtiger und kritischer, vor allem demütiger und barmherziger gegenüber den Fehlern anderer Menschen. Diese Eigenschaften waren auch für meine zukünftige Großfamilie erforderlich. Als Grundlage für meine spätere Arbeit hatte ich unter anderem vor, allein nach Istanbul zu fliegen und in den dortigen Slums Erfahrungen zu sammeln sowie Mehr-Generationen-Familien, vor allem auch kinderreiche Familien, kennenzulernen. Die Ratschläge meiner Eltern hatte ich wiederum in den Wind geschlagen, denn ich lief mit nackten Beinen durch die engen Gassen Istanbuls, weswegen eine Horde wild gestikulierender Männer hinter mir her war. Wenn sich mir ein Mann näherte, hob ich abwehrend die Hände, doch der jeweils Herankommende verstand mich nicht, wollte meinen Preis wissen, so dass aufgrund meiner abwehrenden Hände immer neue

Preise genannt wurden. In der Nähe der Universität traf ich auf zwei Englisch sprechende Studenten, die mir Hilfe anboten und meine Schutzlosigkeit in keiner Weise ausnutzten. Abgesehen davon, dass die Freundschaft zu einem der Studenten – Cihat – bis zu dessen Tod 38 Jahre lang Bestand hatte und er später auch meinen Mann und etliche Kinder kennenlernte, hatte ich eingesehen, wie wichtig es ist, eine andere Kultur nicht nur zu respektieren, sondern sich auch auf sie einzulassen und sie ein Stück zu verinnerlichen. Ich erfuhr, dass meine unangebrachte Kleidung Ursache für dieses fatale Missverständnis gewesen war, und lernte daraus, in späteren Jahren – etwa im Jemen und anderen traditionalistisch geprägten muslimischen Ländern – mich der Kultur dieser Länder anzupassen und gegebenenfalls auch voll verschleiert auf die Straße zu gehen. Diese Einstellung beziehungsweise ein den Ländern entsprechendes Verhalten und Auftreten erwies sich bei den Kindesannahmen als sehr nützlich.

Ich eigne mir das notwendige Wissen an

Um künftigen Adoptivkindern eine gute Erziehung bieten zu können, absolvierte ich parallel zum Lehrerstudium mit den Fächern Deutsch, Kunst, Geschichte und später Religion noch ein Studium der Erziehungswissenschaften. Außerdem belegte ich an der Uni Köln Kurse in Psychologie, partnerbezogener Gesprächsführung und vergleichender Völkerpsychologie. Für die Wochenenden buchte ich Workshops für das Grundlagenstudium in Kommunikations- sowie Verhaltenspsychotherapie. Ich war lernbegierig und saugte alles auf wie ein Schwamm. Für meine spätere Arbeit wollte ich mir die bestmöglichen Voraussetzungen aneignen. Mir war klar: Wenn ich jemals traumatisierten Kindern aus Europa, Afrika, Asien oder Südamerika fundiert helfen wollte, dann würde ich dafür ein umfassendes Rüstzeug benötigen! Um meine Erfahrungen im sozialen Bereich zu erweitern – vor allem bezüglich der Integration ausländischer Kinder – bewarb ich mich bei einer Einrichtung in Köln, der sogenannten Erziehungs- und Bildungshilfe. Dort arbeitete ich an einem Tag in der Woche im sozialen Brennpunkt Köln-Bickendorf bzw. -Ossendorf. Zwischenzeitlich hatte ich standesamtlich einen Psychologiestudenten geheiratet. Die kirchliche Trauung sollte später erfolgen. Wir waren uns einig, mit den geplanten leiblichen und zu adoptierenden Kindern noch einige Jahre zu warten. Doch es kam anders. Plötzlich war ich schwanger. Mein Sohn Sascha erfreute uns zwar mit seinem ersten Schrei, schrie jedoch weiterhin so lautstark, dass sein Vater sich in unserer eineinhalb Zimmer-Wohnung kaum darauf konzentrieren konnte, seine Diplomarbeit zu schreiben. Unsere Ehe zerbrach, obwohl mein Mann ein wunderbarer Mensch war und ist. Wir sind wenigstens gute Freunde geblieben.

Meine Eltern unterstützten mich finanziell. Doch ich wollte nicht völlig abhängig sein und führte parallel zu meiner Tätigkeit in der Erziehungs- und Bildungshilfe noch Interviews für ein Meinungsforschungsinstitut durch, um Geld zu verdienen. Sascha nahm ich immer mit. Um weiterhin in die Hochschule gehen zu können, passte meine Mutter einmal wöchentlich auf ihn auf. An einem weiteren Tag ermöglichte mir eine ebenfalls studierende Freundin den Besuch der Hochschule, für die ich im Gegenzug an einem Tag der Woche ihr Töchterchen betreute. In der Straßenbahn stand ich oft mit einem Walkman voller gespeicherter Fachtermini, die ich mir einprägte, während Sascha aus seinem Wagen heraus die Mitfahrenden beäugte. Viele Stunden verbrachte ich sogar im Herbst und Winter mit Fachliteratur in Parks und auf Spielplätzen – oft dick verpackt mit Mantel, Mütze und Schal. Schließlich brauchte

Sascha neben frischer Luft zunehmend Bewegung und Kontakt zu anderen Kindern. Vor allem nachts, wenn Sascha schlief, konnte ich ungestört einige Stunden lernen. Ich war zwar keine gute Schülerin gewesen und hatte Probleme gehabt, mich in das starre Schulsystem zu integrieren, aber ich war froh über meine Fähigkeit, blitzschnell querlesen, schnell speichern und Fakten vernetzen zu können. Nach meinem ersten Lehrerexamen studierte ich weiter, mit dem Hauptfach Psychologie, um ein Diplom in Erziehungswissenschaften zu erwerben. Parallel dazu arbeitete ich bereits in der Schule und machte dann 1975 das zweite Lehrerexamen. Während ich mich im ersten Lebensjahr meines recht unruhigen Sohnes noch gestresst gefühlt hatte, war ich froh, dass es mir trotzdem gelungen war, meine Aufgaben als Mutter, Studentin, Interviewerin, Sozialkraft und Lehrerin miteinander zu vereinbaren. Schließlich hatte ich als Kind gelernt, zu organisieren und zu koordinieren. Überhaupt: Um je eine Großfamilie mit vielen Kindern führen zu können, musste ich neben Geschick und Flexibilität auch organisatorische Fähigkeiten erwerben. Wegen meines Wahlspruchs: »Carpe Diem« weiß bei mir das kleinste Kind, dass ein Tag sinnvoll genutzt werden muss! Jeder in meiner Familie kann sich entspannen, in Ruhe nachdenken, Musik hören und aktiv erholen, aber ich vermittle jedem, dass unsere Lebenszeit zu kostbar ist, um sie nutzlos verrinnen zu lassen und, wie manche Zeitgenossen, »abzuhängen«. Allein das Wort ist furchtbar, denn es macht die Schwäche deutlich, statt die Stärke »aufzustehen« und sein Leben »in die Hand« zu nehmen.

Ich engagierte mich für die Gesellschaft

Mit vierundzwanzig Jahren setzte ich mich erstmals aktiv für die Gesellschaft ein. Ich stand im Foyer der Hochschule vor einem Tisch mit einem großen Plakat, auf dem neben dem

Foto des Kindes meiner Freundin ein Text zu lesen war, der auf eine große Ungerechtigkeit hinwies. Nach damaligem deutschem Recht erhielten in Deutschland geborene Kinder deutscher Mütter, die mit Ausländern verheiratet waren, nicht deren deutsche Staatsangehörigkeit. In Trennungssituationen kam es dadurch immer wieder zu ganz furchtbaren Dramen. Denn einer deutschen Mutter wurde – wenn ein afrikanischer oder orientalischer Ehemann gewalttätig war – zwar das alleinige Sorgerecht zugesprochen, doch konnte sie das Kind nicht schützen, wenn es der ausländische Vater in sein Heimatland entführte. Die deutsche Botschaft hatte dann keine Möglichkeit einzugreifen. Dadurch gab es etliche Erpressungen, und in manchen Fällen waren Frauen deshalb bereit, sich in Deutschland wie Sklavinnen behandeln zu lassen, um ihr Kind durch dessen ausländische Staatsangehörigkeit nicht der Willkür preiszugeben.

Man sah mich also im Foyer der Hochschule vor einem Tisch stehen und Unterschriften sammeln, um mit daran zu arbeiten, das unselige Gesetz zugunsten eines Gesetzes der Gleichberechtigung beider Elternteile zu kippen. Mit meinem eigenen Kind an der Hand ging ich auf die jungen Menschen zu und machte ihnen klar, wie grausam die bisherige Regelung war. Auf diese Weise sammelte ich binnen zwei Tagen viele hundert Unterschriften. Zudem half mir eine solche Aktion, eine gewisse Scheu vor großen Menschenmengen zu verlieren, öffentlich aufzutreten, zu argumentieren und zu diskutieren. Auch das würde ich später benötigen, um Kinder im Ausland zu adoptieren und ihnen in Deutschland eine gute Zukunft zu geben und zu erhalten. Als nach kurzer Zeit aus allen Teilen Deutschlands genügend Unterschriften zusammengekommen waren und das Gesetz nun einem Kind die Staatsangehörigkeit beider Elternteile gewährte, war mir das eine Genugtuung und Bestätigung. Ich feierte mit meinem kleinen Sascha, meiner Freundin und deren bis dato kongolesischen Tochter den Sieg der Mütter, den Sieg der Kinder. Gesetze hatten so zu sein, dass sie Kinder schützten, und mir war klar, dass Kinderschutz auch in Zukunft all meine Anstrengungen wert sein würde!

Inzwischen hatte ich, zunächst standesamtlich, einen katholischen Theologen geheiratet, stark beeinträchtigte Zwillinge aus einem deutschen Heim in meine Familie aufgenommen und meinen zweiten Sohn Immanuel geboren. Nach kurzer Zeit meinte mein Mann jedoch: »Ich liebe dich, aber Gott liebe ich mehr. Ich fühle mich zum Klosterleben berufen, denn ich will in Zukunft nicht nur für eine kleine Familie da sein, sondern für eine Vielzahl von Menschen!« – ein folgenreicher Entschluss für eine junge Frau, die ihren Ehemann liebt. Aber ich war machtlos. Sein Hin- und Hergerissensein wollte ich weder länger mit ansehen noch es den Kindern auf Dauer zumuten und gab ihn frei. So stand ich als 29-jährige mit vier Kindern allein da. Meine Examen und Diplome hatte ich zum Glück ebenso in der Tasche wie auch die Nachweise etlicher Weiterqualifikationen. Wie ich das geschafft habe? Ich besuchte erstens die notwendigen Fortbildungen an den Wochenenden, zweitens kamen meine Eltern jede Woche, meine Mutter kochte für uns und ich fühlte mich von meinen Eltern geachtet.

Engagement für Schüler

Inzwischen hatte ich eine Vollzeitstelle als Lehrerin in einem sozialen Brennpunkt Kölns angenommen. Ich hatte Freude daran, dass ich nicht nur Wissen vermitteln, sondern auch meine psychologischen Kenntnisse einbringen konnte. Es klingt unglaublich, aber einzelne Schüler berichteten von Abtreibungen ihrer Mütter in Hinterhöfen und von Föten, die sie in der Mülltonne gefunden hatten. Viele Heranwachsende waren entwurzelt und traumatisiert. Zwei Drittel meiner Schüler hatten eine ausländische Staatsangehörigkeit, häufig Probleme mit ihrem Aufenthaltstatus und lebten mitunter in Angst und Sorge. Manche Schüler hatten Gewalt erfahren und versuchten, sich dagegen zu wappnen, und hatten deshalb Messer bei sich. Einmal bekam eine Schülerin, die zu einem Diavortrag eine Stunde zu spät kam, keinen der vorderen Plätze. Ich bat sie, sich leise nach hinten zu setzen. Weil sie den von ihr gewünschten Sitzplatz nicht bekam, lief sie Türen schlagend hinaus. Etwa eine viertel Stunde später erschien die Mutter mit ihrem Zuhälter und ihrer Tochter bei mir. Ich wurde an den Haaren gezogen, geboxt und fiel hin. Es gab ein Gerichtsverfahren, und die Mutter der Schülerin wurde verurteilt, zweitausend DM an einen gemeinnützigen Verein zu zahlen. Ich selbst verzichtete auf einen Zivilprozess und auf Schmerzensgeld. Nach den anfänglichen Schocks liebte ich meine Arbeit und engagierte mich auch in meiner Freizeit für die Schüler. Nachmittags förderte ich meine eigenen Kinder, besuchte mit ihnen Museen, ging in den Stadtwald, wanderte durch die Naturgebiete am Rhein, den forstbotanischen Garten, nahm sie häufig mit in den Zoo, malte und gestaltete mit ihnen, arrangierte Treffen und Spiele mit anderen Kindern. Wenn meine Kinder schliefen, korrigierte ich Klassenarbeiten. Ich bereitete mich auf den nächsten Schultag vor, vertiefte durch Sprachkurse meine Schulkenntnisse in Französisch und Spanisch und lernte in der Volkshochschule so viel Türkisch, dass ich mich verständlich machen konnte. Das wiederum war möglich, weil eine Nachbarin als Kindersitterin fungierte, der auch ich bei der Betreuung ihrer Kinder half. Ich war bald in der Lage, mit den meisten Eltern meiner ausländischen Schüler bei Hausbesuchen zu kommunizieren und sie dafür zu gewinnen, meine pädagogischen Anliegen zu verstehen und mir dabei zu helfen, sie umzusetzen.

Gleichzeitig bereitete ich mich auf mein späteres Sozialengagement im Ausland vor. In den folgenden Jahren gelang es mir zunehmend, mich sowohl im heilpraktischen wie im fachspezifischen Bereich der Kinder- und Jugendpsychotherapie zu qualifizieren. Dazu gehörten auch zahlreiche psychoanalytische Einzelstunden. Meine vielen Kurse und Fortbildungen waren zwar leider sehr teuer, aber ich verdiente gut und konnte ausgezeichnet haushalten: Von meiner Schwester bekam ich abgelegte Kleidung und für meine Kinder erwarb ich auf Trödelmärkten, Schul- und Kindergartenbasaren hochwertiges, aber gebrauchtes Spiel- und Lernmaterial und übernahm auch für sie getragene Kleidung. Lesen war uns wichtig, aber ich ging in die Leihbibliothek, statt Bücher zu kaufen. Gesunde, aber preiswerte Nahrung erwarb ich oft auf dem Markt kurz vor Schluss, ich kaufte Brot vom Vortag und Joghurt am Verfallstag. Durch eine umsichtige und sparsame Haushaltsführung wollte ich mich darauf vorbereiten, später einmal eine Großfamilie ernähren und auf gutem Niveau leben lassen zu können. Ich behielt sogar genügend Geld übrig, um größere Summen für bedürftige Kinder in Afrika und Asien zu spenden.

Die Kinder entwickeln sich positiv

Sehr glücklich war ich über die positive Entwicklung meiner Kinder: Sascha war ein ausgezeichneter Schüler und selbstständig, die angenommenen Zwillinge hatten Vertrauen gefasst, der kleine Immanuel gedieh gut. Vor allem meine Zwillingsmädchen hatten sich gravierend verändert. Als sie mit dreieinhalb Jahren in meine Familie kamen, zeigten sie massive geistige und körperliche Defizite und galten als nachhaltig geschädigt. Ich beschäftigte mich mit ihnen und förderte sie intensiv, wodurch sie sich zunehmend positiv entwickelten und richtig aufblühten. Jedem, der sie zu Beginn kannte und ihnen später begegnete, fielen ihre mittlerweile entspannten und frohen Gesichter auf – was schließlich ein wichtiges Kriterium für Wohlbefinden ist. Ich war dankbar. Um stärker behinderte und schwerstkranke Kinder annehmen zu können, machte ich weitere Fortbildungen. Um die Zulassung als heilpraktische Psychotherapeutin und danach noch als Heilpraktikerin zu bekommen, habe ich eine Fachschule in München besucht und zwar so, dass ich jeweils einen Tag dort verbringen konnte. Ich fuhr sonntagabends mit dem Nachtzug hin und am Montagabend mit dem Nachtzug wieder zurück, um am Dienstag ab 5 Uhr 30 zu Hause wieder zur Verfügung zu stehen. Wegen der Akupunkturkenntnisse besuchte ich Kurse in Köln und nahm teilweise Einzelunterricht, die Prüfung selbst aber machte ich in China. Rückblickend sehe ich in den hier geschilderten Stationen meines Lebens wichtige Bausteine zur Vorbereitung auf den späteren Einsatz für meine zahlreichen, höchst unterschiedlichen Kinder.

Wie Kinder anderer Länder zu meinen wurden

Die Probleme im Vorfeld von Adoptionen, schwierige Verhandlungen, Überwindung von Gefahren und Entfernungen. Wie ich die Kinder kennenlernte, annahm, und welche Freuden und Schwierigkeiten das Leben mit ihnen mit sich brachte.

Die komplizierten Adoptionsverfahren

Mein soziales Engagement in verschiedenen Ländern war immer mit Kontakten zu den vor Ort arbeitenden Menschen verbunden – häufig waren es Ordensschwestern und Patres, die karitativ tätig waren. Wenn sich in verschiedenen Fällen abzeichnete, dass die Not besonders groß war und vernachlässigte Kinder die Liebe und Förderung einer Familie benötigten, wurde zusammen mit den Behörden versucht, zunächst im Land selbst ein neues Zuhause zu finden. In einigen Fällen ist dies geglückt, doch es darf nicht verkannt werden, dass die Annahme von Kindern in manchen Kulturkreisen ganz anders gesehen wird als bei uns. Mitunter sind Adoptionen nur innerhalb der Verwandtschaft oder Sippe möglich, denn gegenüber »fremden« Kindern ist man außerordentlich skeptisch. In muslimischen Ländern hat man Sorge, dass sich zwischen Nichtverwandten erotische Beziehungen ergeben könnten. In Brasilien beispielsweise, vor 20 Jahren, war ein Adoptivkind nicht erbberechtigt. Es kam vor, dass wohlhabende Familien leibliche Kinder hatten und zusätzlich noch ein Mädchen adoptierten, um es für Arbeiten im Haushalt auszubilden und für sich tätig werden zu lassen. Mit der Erziehung dieser Mädchen beauftragten jene sozial hochgestellten Familien meist ihre Mitarbeiter. Das adoptierte Kind erhielt nicht das Bildungsniveau der leiblichen Kinder und keineswegs den gleichen Lebensstandard. Emotional jedoch war es an die wohlhabende Adoptivfamilie gebunden, weshalb man im Gegensatz zu den oft häufig wechselnden Hausmädchen mehr Loyalität und weniger Diebstähle von ihm erwartete.

Aufwendige Verhandlungen

Meine ersten ausländischen Kinder adoptierte ich in Brasilien; das hieß also, dass die Kinder zwar meinen Namen bekamen, allerdings nicht berechtigt waren, mich zu beerben. In einem mitunter sehr lang dauernden Verfahren führte ich die Adoptionen in Deutschland dann noch einmal nach deutschem Recht durch, um jegliche Benachteiligungen für die Kinder zu verhindern. Zuvor hatte ich mich bereits an Konsulate gewandt, die Broschüren mit Informationen zu den wesentlichen Voraussetzungen für Adoptionen in ihrem jeweiligen Land herausgaben. Aus Deutschland musste man Führungszeugnis, Gesundheitszeugnis, Einkommensbescheinigungen, Vermögensauflistungen und Leumundszeugnisse der Adoptiveltern zur Verfügung stellen. Entscheidend war jedoch ein Sozialbericht, der vom zuständigen deutschen Jugendamt erstellt wurde und nach eingehenden Gesprächen, Überprüfungen, Hausbesuchen und noch viel mehr die Eignung der Adoptiveltern attestierte. Damals wurde dieser Sozialbericht, der den Namen des zu adoptierenden Kindes nicht enthalten musste, den adoptivwilligen Eltern ausgehändigt. Heute wird der Bericht nicht mehr »pauschal« ausgestellt und ausgehändigt, sondern wandert von einem Amt zum nächsten. Dadurch kann es erstens zu großen Verzögerungen kommen, weil man selbst weitgehend ausgeschaltet bleibt, und zweitens gehen Briefe und Papiere im Durcheinander ausländischer Behörden mitunter verloren. Ein Vorteil für die deutschen Ämter ist jedoch, dass sie jetzt einen besseren Überblick behalten. Der Adoptionsbewerber wird auf ein bestimmtes Kind festgelegt und ist nicht mehr »offen«, das heißt vakant für alternative Kinder, falls das potenzielle Adoptivkind im Verfahren verstirbt oder dessen Adoption aus anderen Gründen nicht abgeschlossen werden kann.

Viele unvorhersehbare Probleme

Es kommt allerdings recht häufig vor, dass das für eine Adoption vorgesehene Kind trotz des Einsatzes der einheimischen Behörden keine Identitätspapiere erhält oder dass doch noch irgendwo eine Unterschrift fehlt. Warum und weshalb, das bleibt dem Adoptionswilligen weitgehend unverständlich. Als der Sozialbericht noch nicht auf den Namen eines bestimmten Adoptivkindes ausgestellt werde musste, konnten die ausländischen Behörden ein anderes Kind »vergeben«, für das alle bürokratischen Notwendigkeiten bereits erfolgt waren. Heute ist das nicht mehr möglich, weil der Sozialbericht auf den konkreten Namen ausgestellt werden musste – verbunden mit dem Risiko, dass ein schwer krankes Kind letztendlich schon gestorben sein kann, bis die bürokratischen Erfordernisse endlich erfüllt sind.

Ich verzweifelte, wenn Kinder sterben mussten, weil den Menschen im Amt die Erfüllung bürokratischer Forderungen weitaus wichtiger war als die Menschlichkeit! Als mir seinerzeit im deutschen Sozialbericht die Erlaubnis zur Adoption »mehrerer« Adoptivkinder gegeben wurde, konnte ich diesen Bericht entsprechend einsetzen – heute ist das eine Unmöglichkeit. Es ist wichtig zu wissen, dass viele Millionen Menschen in der Welt keinerlei Papiere wie Geburtsurkunden, Pässe oder andere oft erforderliche Ausweise haben. Das trifft natürlich insbesondere für die Ärmsten der Armen zu. Trotz finanzieller Unterstützung und sonstiger Hilfsbemühungen lassen sich nicht in jedem Fall einigermaßen menschenwürdige Bedingungen für Kinder schaffen. Obwohl es einerseits unbedingt erforderlich ist, zum Schutz von Kindern Adoptionen an bürokratische Formalien zu binden, sollte andererseits berücksichtigt werden, dass in Einzelfällen eine Lebensrettung nur durch sofortiges alternatives Handeln möglich ist.

Die Bürokratie als Rettungsverhinderung

Wenn Hilfe im Ursprungsland für ein bestimmtes Kind nicht
möglich ist, dann darf sein Tod nicht billigend in Kauf genommen werden, nur um einer Bürokratie Genüge zu tun, die aus
meiner Sicht nicht sein muss. Statt einen Säugling sterben zu
lassen, nur weil seine leibliche Mutter keine Ausweispapiere
hat und daher keine Adoptionsabtrittserklärung unterzeichnen
kann, sollte an den Botschaften und Konsulaten dieser Länder nach anderen Möglichkeiten gesucht werden. Beispielsweise könnte der mütterliche Wille, das Kind adoptieren zu
lassen, unter Zeugen des abgebenden und aufnehmenden Landes schriftlich festgehalten, übersetzt und mit Fingerabdruck
und Speichelprobe zur Feststellung der DNA versehen werden. Es steht selbstverständlich außer Frage, dass Kinderhan-
del verhindert werden und der Schutz von Kindern im Mittelpunkt aller Bemühungen stehen muss. Vergessen werden
darf jedoch niemals: Ein vierjähriges Mädchen kann nicht
lange warten, wenn sein Beschneidungstermin im Busch unter
furchtbaren und unhygienischen Bedingungen bereits festgelegt ist. Nicht selten werden dabei Rasierklingen benutzt, mit
der vorher auch aidskranke Kinder behandelt wurden. Auch
kann eine Neunjährige nicht warten, wenn der Termin für ihre
Hochzeit mit einem alten Mann zur Erfüllung seiner sexuel-
len Wünsche bereits definitiv ausgehandelt wurde. Ebenso wenig Zeit verbleibt einer Zwölfjährigen, die zur Prostitution gezwungen werden soll und in deren Fall die Kaufverhandlungen
bereits abgeschlossen sind. In solchen Fällen dürften Kindesannahmen auf keinen Fall daran scheitern, dass leibliche Eltern
keine Identitätspapiere haben – und die Kinder natürlich erst
recht nicht. Es darf nicht von der Zivilcourage und den unor-
thodoxen Lösungen eines Helfers abhängen, ob ein Kind Le-
benschancen bekommt oder nicht.

Zurück zu den erforderlichen Adoptionspapieren: Alle deutschen Papiere mussten beglaubigt und »überbeglaubigt« werden. Überbeglaubigt heißt, dass von einer übergeordneten Stelle bescheinigt werden muss, dass der ausstellende Arzt oder die Sozialarbeiterin zur Ausstellung eines Berichts oder einer Bescheinigung tatsächlich befugt ist. Das geschieht vor allem, um Fälschungen auszuschließen. Alle Papiere mussten dann von einem zugelassenen Übersetzer in die jeweilige Landessprache übersetzt werden. Auch dieser Übersetzer benötigte für sich eine Überbeglaubigung. Eine solche Mappe mit den vielen Unterlagen und kostspieligen Übersetzungen wurde unter viel Zeitaufwand zusammengestellt, und die Adoptiveltern hüteten sie sorgsam. Meist enthielt sie auch noch Daten über die Großeltern, das Umfeld, die Verwandtschaft und sogar über geplante Fördermöglichkeiten für das anzunehmende Kind. Im Bezirk des zu adoptierenden Kindes waren es dann wieder Sozialarbeiter, Jugendamtsmitarbeiter und Richter, denen man Rede und Antwort zu stehen hatte.

Ich habe untergeordnete Amtsinhaber erlebt, die neidisch waren, weil sie selbst wenig verdienten, keinerlei Chancen für eine Zukunft in Europa hatten. Sie versuchten deshalb, dem Adoptivkind Steine in den Weg zu legen. Sogar erwachsene Behördenmitarbeiter wollten adoptiert werden – nicht wissend, dass in deren Fall keineswegs ein Visum und der Erwerb der deutschen Staatsangehörigkeit damit verbunden wäre.

Richterliche Willkür

Die Richter im Ausland selbst waren sehr angesehene, sehr autonome und anspruchsvolle Personen. Es kam vor, dass ein Richter statt der üblichen Fotos von der privaten Atmosphäre daheim Bilder von Statussymbolen sehen wollte: beispielsweise ein großes Auto, ein großes Haus und viele Geräte wie Computer, Fernseher, Flachbildschirme. Ein anderer Richter verlangte – wie es üblich war – einen Beweis dafür, dass ein Elternteil auf seine Berufstätigkeit verzichtete. Und es passierte, dass ein Richter für das zu adoptierende Kind, um das sich sein Staat bis zu jenem Zeitpunkt nie gekümmert hatte, plötzlich ein Sparbuch von Zigtausend DM als Beweis dafür verlangte, dass das Kind in Deutschland keine Not leiden würde. Ich habe in einem solchen Fall meine Eltern und meine Schwester gebeten, mir für zwei Tage je zwanzigtausend DM zu leihen, überzog mein Konto und fügte sechstausend DM dazu, damit ich dann mit sechsundvierzigtausend DM ein Sparkonto auf den Namen des zu adoptierenden Kindes eröffnen konnte. Mit diesem Sparbuch ging ich noch am gleichen Tag zum Notar und ließ es zweimal kopieren und beglaubigen. Eine beglaubigte Kopie behielt ich selbst, die andere ließ ich jenem Richter zukommen, der das Ansinnen an mich gestellt hatte. Am darauf folgenden Tag löste ich das Sparbuch wieder auf und gab die Gelder zurück. Mitunter musste man im Sinne des Kindes einfallsreich sein, um den Adoptionsprozess in Gang zu setzen und um vom Gericht des »abgebenden« Landes für das Kind die Adoption zu bekommen.

Bei den erforderlichen Verfahren für die spätere deutsche Adoption vergingen mitunter viele Jahre. Ich stieß in Einzelfällen auf Ressentiments bei Beamten, die verärgert waren und sich abfällig äußerten, weil ich »Schwarze« und »Behinderte« adoptierte. Sehr gut verstehen konnte ich jedoch die Vorbehalte und genauen Überprüfungen wegen der Vielzahl meiner Adoptionen, die recht schnell nacheinander erfolgt waren. Weil das Wohl von Kindern für mich immer an erster Stelle stand, fand ich es durchaus richtig, lieber einmal zu viel als zu wenig geprüft worden zu sein.

Die Adoption von Alcione

Ich war 37 Jahre alt und wieder verheiratet, dieses Mal mit einem Mann aus Sri Lanka, den ich im Zug meines Sozialengagements kennengelernt hatte. Die erforderlichen Unterlagen für eine Adoption in Brasilien lagen vor. Vom Pater eines Sozialzentrums hatte ich gehört, dass ein kleines Mädchen während des erforderlichen Zusammenlebens vor Adoptionsabschluss bereits zweimal in sein Heim zurückgegeben worden war. Alcione, so der Name des siebenjährigen Mädchens, war ein Findelkind, nahezu blind, schwerhörig und geistig behindert. Ein katholisches Heim hatte sich des Mädchens angenommen und versucht, es zunächst an ein belgisches, dann an ein französisches Ehepaar zu vermitteln. Zum Adoptionsabschluss war es jedoch nicht gekommen, weil die adoptionswilligen Frauen während des Zusammenlebens mit dem Mädchen in Brasilien gemerkt hatten, dass sie sich den Belastungen nicht gewachsen fühlten. Als ich schließlich von dem Pater gefragt wurde, ob ich bereit sei, dieses Kind zu adoptieren, habe ich zugesagt. Jener Anruf aus Brasilien kurz vor den Sommerferien war mir wie ein Fingerzeig Gottes erschienen, dem ich in jedem Fall folgen wollte.

Ich flog also nach Brasilien und musste zunächst viele Behördengänge und Formalitäten erledigen. Parallel dazu besuchte ich Alcione im Heim, machte mich mit ihr vertraut und bereitete sie auf ein Zusammenleben mit mir in einem angemieteten Appartement vor. In der Zeit bis zum Adoptionsabschluss sollten wir uns aneinander gewöhnen und mussten uns immer wieder der Kontrolle der Ämter unterstellen. Ich lernte zwei andere Deutsche kennen, die auch mit ihren zukünftigen Adoptivkindern zusammenlebten. Ein Deutscher war der potenzielle Adoptivvater der sechsjährigen, geistig beeinträchtigten, unter Epilepsie leidenden Daiane. Pater E., der dafür gesorgt hatte,

dass Alcione in einem Heim untergebracht werden konnte,
kam täglich gegen Mittag. Er half als Übersetzer bei den Behörden und aß mit uns zusammen in einem der vielen Straßen-
restaurants.

Unvorhergesehenes

Plötzlich sprang Daiane, das Kind des potenziellen deutschen
Adoptivvaters, auf und rannte hinaus. Als es Minuten später
zurückkam, streckte es uns die Zunge heraus, während der
für Daiane verantwortliche Begleiter stöhnte: »Dieses Kind
ist unberechenbar. Es stiehlt, greift an und lässt sich in keiner
Weise lenken.« In den folgenden Tagen konnte ich beobachten, wie das Mädchen trat, biss und sich wie eine ungezähmte
Löwin verhielt. Wie gewohnt hielt ich in Gedanken Zwiesprache mit Gott: »Danke, vielen Dank, dass Du mir Alcione zugeteilt hast! Der zukünftige Vater durchlebt ja tagtäglich einen
Horror mit dem Mädchen, ich möchte wirklich nicht in seiner Haut stecken«. Meine Alcione dagegen war für mich zu
händeln, auch wenn ich mich zwischendurch über sie ärgerte.
Sie hatte hungern müssen und war massiv unterernährt. Dies
hinderte sie jedoch nicht daran, im Restaurant immer wieder
Essen auszuspucken und Nahrung durch die Gegend zu werfen. Ich wollte diesem Verhalten mit liebevoller Konsequenz
begegnen und ihr zum Beispiel den Teller wegnehmen. Dies
jedoch war in Brasilien nicht möglich: Der uns betreuende
Pater E. ließ es nicht zu und die ständig beobachtenden Mitmenschen auch nicht! Niemand hatte sich vorher um Alciones Erziehung gekümmert, aber nun stand ich als ausländische
potenzielle Adoptivmutter im Blickpunkt der Öffentlichkeit.
Und die erwartete von einer vermeintlich reichen Europäerin
vieles, aber nicht, dass sie einem brasilianischen Kind Grenzen
setzen würde. Der Blickwinkel war einfach zu verschieden:

Ich sehe Nahrung als kostbares Geschenk an, für das ich meinem Schöpfer danke. Die Brasilianer hingegen maßen meinen Status und das Wohl des Adoptivkindes am verschwenderischen Umgang mit Nahrungsmitteln. Jetzt auf Alciones Verhalten einzuwirken hatte keinen Sinn, ich musste es auf das Zusammenleben in Deutschland verschieben.

Alcione mischte den Gemüseauflauf ihrer noch nicht abgetragenen Hauptspeise mit meinem bereits servierten Kuchendessert, goss klebrige Limonade hinzu und knetete diese Masse zu einem unappetitlichen Brei. Nach dem Bezahlen im Restaurant streckte sie ihre verschmierten Hände nach mir aus, wuschelte mir im Haar herum und wollte von mir getragen werden. Wiederum verhinderten interessierte Zuschauer und der begleitende Pater eine sinnvolle Intervention meinerseits! Weder durfte ich darauf bestehen, dass Alcione sich die Hände wusch noch dass sie zu Fuß ging. Es war absurd! Ihre geistige Behinderung hatte sie sieben Jahre lang nicht daran gehindert, ihre Beine zu benutzen. Jetzt jedoch wurde meine Liebe zu ihr daran gemessen, dass ich mich ihren Wünschen beugte, sie trug oder ein Taxi nahm. Ich trug Alcione also herum, um kein Aufsehen zu erregen und den Adoptionsabschluss durch Einsprüche nicht zu gefährden. Dass mein Rücken und die Arme schmerzten, interessierte niemand. Dass der Stress mich belastete auch nicht. Die Sonne brannte, und ich hatte zwischendurch Herz- und Kreislaufbeschwerden. Ich hoffte inständig, dass es mir nicht so ergehen würde wie jener deutschen Frau, für die der Richter ein fast sechsmonatiges Zusammenleben im Land mit dem brasilianischen Adoptivkind in spe vorgesehen hatte! In Anbetracht meiner Kinder und vollen Berufstätigkeit daheim wäre mir eine solch lange Abwesenheit absolut unmöglich gewesen. So war ich stets auf die unterrichtsfreien Ferienzeiten angewiesen.

Es geht um Daiane

Dann kam der Tag des Entsetzens: Daianes potenzieller Adoptivvater saß mit Pater E. und mir zusammen. Die Sonne hatte sich etwas zurückgezogen, ich trank ein Mineralwasser und genoss einige Minuten der Ruhe. Da hörte ich plötzlich, wie der Mann dem Pater erklärte, dass er »sein« Kind nicht adoptieren könne. Ich dachte in jenem Augenblick, mir würde das Herz vor Schreck stehen bleiben! Ich hatte den Mann als außerordentlich engagiert erlebt und sah, dass er mit den Tränen kämpfte. Die Absage fiel ihm sehr schwer, aber er hatte sich aus Verantwortung dazu durchgerungen. Durch die Erfahrung mit seinen beiden Söhnen – einem leiblichen und einem brasilianischen Adoptivsohn – wusste er um die besonderen Probleme, die mit diesem Kind auf ihn und seine Frau zukommen würden. Deshalb hielt er es für besser, rechtzeitig die Notbremse zu ziehen. Auch Pater E. hatte Tränen in den Augen. Daiane bemerkte das und fragte nach dem Grund. Behutsam versuchten Pater E. und der ursprünglich vorgesehene Adoptivvater ihr zu erklären, worum es ging. Sie wusste, dass ein Zusammenleben mit den neuen Eltern zunächst einmal nur zur Probe stattfinden würde. Und sie musste auch schon erleben, dass andere Kinder ins Heim zurückgegeben worden waren. Trotzdem fing sie an, haltlos zu schluchzen. Als sich meine erste Schockstarre löste, hielt ich in der mir eigenen Weise Zwiesprache mit Gott:

»Das darf diesem Kind nicht geschehen! Es hat lange Zeit auf der Straße gelebt, wurde von einer Jungenhorde zum Stehlen abgerichtet und soll endlich eine Chance auf ein menschenwürdiges Leben bekommen. Wie kannst Du das zulassen? Ich habe mich bei Dir bedankt dafür, dass Du mir Alcione zugeteilt hast. Wie soll das denn jetzt weitergehen? Die Mädchen verstehen sich und haben beide ein Recht auf kindgemäßes Leben!« Im Laufe der nächsten Minuten wurde ich ruhiger und konnte Gott den erforderlichen Raum geben und meine »Antennen« auf »Empfang« stellen. Schließlich sagte ich: »Na gut, Gott, Dein Wille geschehe. Ich bin bereit, mich auch auf Daiane einzulassen. Aber ich brauche Deine Hilfe! Trotz all meiner Kenntnisse bin ich diesem Kind nicht gewachsen. Du musst uns begleiten und Wunder tun, damit eine Sozialisierung gelingt.« Wegen Daianes Entwicklung hatte ich zwar Bedenken und machte mir Sorgen, vertraute aber auf göttliche Unterstützung. Als ich das Restaurant wieder betrat, gab ich meinen Entschluss bekannt. Noch am gleichen Tag zog Daiane zu mir und Alcione ins Appartement.

Die Umstellung ist schwierig

Hatte ich vorher gedacht, die Zeit mit Alcione sei anstrengend, so wurde ich nun belehrt, dass es noch weit Anstrengenderes geben konnte. Denn im Vergleich zu dem, was auf mich zukam, war diese Periode das reine Zuckerschlecken gewesen! Ich konnte Daiane nicht eine einzige Sekunde aus den Augen lassen! Selbst wenn ich zur Toilette ging, hielt ich ihre Hand fest, damit sie in der Zwischenzeit nichts anstellte. Obwohl sich in Brasilien sechs Jahre lang niemand um das Kind gekümmert hatte, mischten sich nun wieder alle möglichen Mitmenschen ein. Wenn ich mit ihr im Supermarkt war, zeigte Daiane mir anschließend stolz ihr Diebesgut, woraufhin ich mit ihr zurückging, um es wieder abzuliefern und die Vorwürfe der Brasilianer entgegenzunehmen. Wenn sie sich für einen Moment losgerissen hatte und an Leuten hochsprang, musste ich mich wüst beschimpfen lassen. Es war der reinste Horror für mich! Erleichternd war lediglich, dass Alcione nun bereit war zu laufen, weil sie begriff, dass ich an der einen Hand sie und Daiane an der anderen Hand halten musste. Ähnlich wie mit Alcione verständigte ich mich auch mit ihr dadurch, dass ich Spanisch sprach und sie Portugiesisch. Dabei konnte jeder von uns recht gut verstehen, was der jeweils andere meinte. Selbst nachts im Bett hielt ich beide Kinder an den Händen. Da Daiane immer wieder aufs Neue versuchte, Raubzüge zu unternehmen, konnte ich nur hin und wieder für wenige Minuten leicht wegdämmern. Schließlich litt ich unter Schlafmangel, bekam Herzattacken und musste einen Notarzt kommen lassen. Glücklicherweise standen mir in dieser Zeit die beiden Deutschen mit dem Pater hilfreich zur Seite. Ich blieb mit den Kindern überwiegend in meinem Appartement. Den Schlüssel dazu trug ich ebenso an meinem Körper wie mein Geld und meine Papiere, denn vor Daiane musste alles gesichert werden. So etwas wie Partnerschaft war ihr unbekannt, und ich würde bestimmt über einen langen Zeitraum gezielt auf sie einwirken müssen, um ihr Verhalten zu ändern. Mir war klar, dass eine Machtprobe unausweichlich sein würde. Getreu dessen, was ich im Studium gelernt hatte, nämlich ein Kind dort abzuholen, wo »es steht«, wollte ich mit Daiane umgehen. Sie war daran gewöhnt, einem Bandenboss zu gehorchen, der zwar erst 15 Jahre alt war, dennoch ein Anführer, der ihr mit Härte gezeigt hatte, wer das Sagen hatte. Also erwartete sie das auch von mir, um mich anerkennen zu können. Mir war nicht wohl dabei, meinen eigentlich auf Partnerschaft beruhenden Erziehungsprinzipien zunächst widersprechend zu handeln, aber ich wusste, das mir nichts anderes übrig bleiben würde, wollte ich sie für mich gewinnen.

Der Kampf um Anerkennung

Schließlich kam der entscheidende Moment: Ich war mit den Kindern vom Strand gekommen, wo ich mit ihnen Muscheln gesammelt und in die neuen Sandeimer gefüllt hatte. Daiane kippte die noch nassen Muscheln aufs Bett und guckte mich fest an. Ich sagte nichts. Dann machte sie die schlecht isolierte Nachttischlampe an. Ich sagte immer noch nichts. Daraufhin stand sie auf, ging ins Bad und füllte ihren nunmehr leeren Eimer mit Wasser. Noch immer blieb ich regungslos sitzen und sah ihr zu, wie sie das Wasser auf den Boden goss. Nach einigen weiteren gefüllten Wassereimern kam sie auf die Nachttischlampe zu und versuchte, das Wasser über Birne, Kabel und defekten Stecker zu gießen. Das nun schien mir gefährlich! Ich griff mit der einen Hand nach Daianes Arm und hielt ihn fest, während ich den Finger der anderen Hand befehlend hob und deutlich mit lauter Stimme »Nein« sagte. Daiane trat um sich, so dass der Eimer hinfiel. Als ich sie losließ, hob sie ihn wieder auf und ging zum Nachfüllen ins Bad. Ich folgte ihr, hielt sie wieder fest und sagte erneut »Nein«. Daiane zappelte, wehrte sich wild und bespuckte mich. Da nahm ich ihr den Eimer aus der Hand, füllte ihn selbst mit Wasser und goss es ihr über den Kopf. Mit der linken Hand hielt ich sie fest, hob wiederum den warnenden Zeigefinger und bekräftigte mein scharfes »Nein«. Ich sagte auf Spanisch: »Ich bin der Boss und du hast zu gehorchen. Klaro?« Dabei guckte ich ihr beschwörend in die Augen, während ich sie mit der linken Hand wie in einem Schraubstock hielt. Daiane streckte mir die Zunge heraus, trat und wand sich. Ich nahm meine rechte Hand herunter, füllte den Eimer wieder mit Wasser und goss es erneut über ihrem Kopf aus. Wieder ließ ich den Eimer fallen und hob den rechten Zeigefinger: »Não, ich bin der Boss und du hast zu gehorchen. Klaro?« Während dieser ganzen Zeit schaute ich sie ununterbrochen an. Ich kam mir vor wie ein Löwenbändiger, zitterte am ganzen Leib und schickte ein Stoßgebet gen Himmel, während ich ihr weiterhin beschwörend in die Augen blickte. Erst nach einer weiteren Ladung Wasser senkte sie ihren Blick und sagte: »Si! Du bist der Boss!« Darauf nahm ich

Daiane in die Arme, sagte ihr, dass ich sie gern hätte, sie jedoch auf mich hören müsse, weil in Deutschland viel Neues auf sie zukäme. Ich sah, dass sie trotz meiner harten Vorgehensweise erleichtert war: Sie hatte vor mir als neuem »Anführer« Respekt bekommen und war nun bereit, sich auf mich einzulassen.

Daianes Adoption wird genehmigt

Natürlich bedeutete das nicht schon eine generelle Verhaltensänderung. Wesentlich war jedoch eine gewisse Bereitschaft von Daiane, meine Anordnungen zu berücksichtigen. Trotzdem war ich froh über jeden Tag, den ich mit ihr überstand. Zum Glück kam von den Behörden recht bald der Bescheid, dass Daianes Adoption bald abgeschlossen sein würde. Wir machten die obligatorischen Vorstellungen, standen immer wieder Rede und Antwort und unterschrieben Papiere. Die Adoption wurde endlich ausgesprochen und der Zeitpunkt des Rückflugs rückte näher. Wegen Alciones Adoption tat sich gar nichts, obwohl ich ihretwegen nach Brasilien zitiert worden war! Am Tag vor meinem Rückflug nach Hause suchte ich ein Gespräch mit Alcione, Daiane und Pater E. Er hielt Daiane fest, während ich Alcione auf meinen Schoß nahm. Ich versuchte, ihr mit Hilfe des Paters zu erklären, dass sie für einige Zeit in ihr Heim zurückkehren müsse, weil der Adoptionsprozess noch nicht abgeschlossen sei. Ich versprach ihr, sofort wiederzukommen, sobald der zuständige Richter mich rufen würde. Alcione zeigte keine Regung. Da sie bereits zwei Mal nach einem Probe-Zusammenleben wieder ins Heim zurück musste, ging ich davon aus, dass sie mich für eine Lügnerin halten und hassen würde. Traurig nahm ich sie am Abflugtag in die Arme, sang noch einmal mit ihr das Lied, das ich ihr beigebracht hatte: »Gottes Liebe ist so wunderbar« und gab sie im Heim ab.

Ich fahre mit Daiane nach Hause

Dann bereitete ich mich auf den Heimflug mit Daiane vor. Die Zeit mit ihr am Flughafen war anstrengend. Sie ließ sich kaum halten, und ich war bereits schweißgebadet, als wir in die Maschine stiegen. Während des Fluges bekam Daiane einen ihrer mir bereits bekannten epileptischen Anfälle – just in dem Moment, als alle Passagiere die Speisetabletts vor sich stehen hatten, von denen sie bei ihrem Anfall zwei mit einer unkoordinierten Bewegung durch die Gegend fegte. Zum Glück konnte ich mit den etwas unfreundlichen Reaktionen der Mitreisenden umgehen. Bei unserer Ankunft in Deutschland strahlte Daiane den neuen Vater und die neuen Geschwister am Flughafen an und freute sich über ein Kuscheltier als Willkommensgruß. Als wir zu Hause angekommen waren, sprang sie sofort aus dem Auto, rannte im Garten umher, holte Hände voll Kieselsteine und bewarf damit meinen srilankischen Ehemann und auch die neuen Geschwister. Sie sah sich herausfordernd um, bevor sie sich anschickte, ihre Hände erneut mit Steinen zu füllen. Wie bereits in Brasilien hielt ich sie mit der linken Hand fest, erhob meinen rechten Zeigefinger und schaute ihr fest in die Augen, während ich wieder sehr energisch »Nein« sagte. Es schien eine Ewigkeit zu dauern, bis Daiane schließlich mit einem »si« reagierte. Das war der Auftakt einer anstrengenden Sozialisationsphase, die etwa drei Jahre dauern sollte.

Die Angst vor Hunger sitzt tief

Während der ersten Wochen kümmerte ich mich ganz intensiv um Daiane. Ich belohnte ihr Verhalten, wenn es sozialverträglich war – mit einer Umarmung, einem Eis, einem strahlenden Lächeln, einem Besuch im Tierpark, mit Bobfahrten auf der Sommerrodelbahn u. a. m. Mittlerweile war ich froh, dass Alciones

Adoption noch nicht abgeschlossen war. Denn ich war mit Daiane und den anderen Kindern völlig ausgelastet. Mein Mann erledigte die Hausarbeit, doch nach und nach übernahm auch er teilweise die Betreuung von Daiane, weil ich – als alleinige Ernährerin der Familie – wieder als Lehrerin arbeitete. Die Sommerferien waren nämlich zu Ende.

Eines Mittags zeigte mir mein Mann aufgeregt die fast leer geräumte Tiefkühltruhe: Ich erahnte den »Täter« dafür sofort: Daiane war Nacht für Nacht aufgestanden und hatte sich bedient. Mit den Zähnen einer Löwin hatte sie nacheinander Unmengen gefrorener Nahrungsmittel verschlungen. Aus ihrem früheren Leben gewohnt auch an verfaulte Nahrung, an Müll und extreme Verhältnisse, plagte sie immer noch die tief verwurzelte Angst zu verhungern. Daher traf sie Vorsorge, und ihr Verhalten war eine logische Folge ihrer schlechten Erfahrungen. Zu Beginn versteckte sie Essbares häufig unter der Matratze. Mitunter fand ich Lebensmittel hinter Büchern, unter Spielzeug oder zwischen Kleidern. Daiane stahl den Geschwistern Brote aus den Schultaschen und bettelte in den Geschäften fremde Menschen an. Jetzt kam es mir zugute, dass ich in meiner Kindheit und Jugend gelernt hatte, unangepasst zu leben und zu kämpfen, wenn es um eine mir wichtige Sache ging. So setzte ich mich jetzt auch für Daiane ein, die wegen ihres auffälligen Verhaltens häufig im Mittelpunkt stand. Ich gewöhnte mich daran, ihre Taten und ihr Verhalten allen zu erklären, die davon betroffen waren und sich aufregten. Nach Daianes Eintritt in den Kindergarten waren die Frühstücksdosen der anderen Kinder nie sicher vor ihr. Obwohl sie morgens reichlich gefrühstückt und noch drei Brote mitbekommen hatte, stahl sie wie ein Rabe. Aber da die Erzieherinnen und die Eltern über den Hintergrund informiert worden waren, wurde fast immer verständnisvoll reagiert.

Überraschungen

Schwieriger gestalteten sich Daianes Besuche in der Schule, in der ich arbeitete. Vor weit über 20 Jahren war es noch erlaubt, die Kinder mittags allein aus dem Kindergarten nach Hause zu lassen. Bedingung war natürlich, dass die Strecke kurz und nicht durch Verkehr gefährdet war. Da meine Schule in der Nähe des Kindergartens lag, kam Daiane regelmäßig dorthin, um nach Schulschluss zusammen mit mir den Heimweg anzutreten. Bei schlechtem Wetter setzte sie sich in meine Klasse, malte oder spielte mit Legosteinen. Bei gutem Wetter saß sie auf einer Bank auf dem Schulhof und wartete die Viertelstunde bis zu meinem Schulschluss ab. Währenddessen kam es mitunter vor, dass ältere Schüler zu mir in die Klasse stürmten und stets etwas Neues über meine Tochter berichteten: Einmal trank sie den Rest aus einer Bierflasche, die sie in den Büschen gefunden hatte. Ein anderes Mal rauchte sie aufgesammelte Zigarettenstummel – als sechsjähriges Kind. Jeden Tag fand ich neue »Schätze« in Daianes Taschen. Manchmal waren es nur Raupen, aber vereinzelt auch gebrauchte Kondome, die sie irgendwo entdeckt hatte.

Es gab immer wieder ganz neue Überraschungen! Daiane hatte Augen wie ein Luchs, entdeckte die kleinsten Stecknadeln und konnte alles gebrauchen. Es war schwierig, sie zu sozialisieren! Auf die Medikamente, die sie wegen ihrer Epilepsie nehmen musste, reagierte sie mit starken Nebenwirkungen. Ihre geistige Beeinträchtigung verzögerte alle Lernprozesse. Sechs Jahre der auf der Straße erlebten Gewalt hatten ihr Menschenbild und Verhalten geprägt, und Daiane brauchte eine geraume Zeit, bis sie emotional bereit war, sich als mein Kind zu sehen. Vor allem fiel es Daiane schwer, die Sorge um das eigene Überleben abzugeben und einfach unbeschwert in den Tag hinein zu leben und spielen zu lernen.

Weitere Adoptionen in Brasilien

Nun aber zurück zu Alcione. Endlich kam aus Brasilien der
Bescheid, dass deren Adoptionsprozess zu einem guten Ende
gebracht werden könne und ich konnte wieder hinüber fliegen.
Oft hatte ich an sie gedacht, aber Telefonate waren schwierig,
denn Alciones Schwerhörigkeit machten sie nahezu unmöglich. Zwei Tage vor dem geplanten Abflug kam jedoch ein un-
vorhergesehener Notruf aus São Paulo. Dort hatte ein Richter
damit gedroht, die auf seinem Tisch liegenden Unterlagen eines
dreijährigen Jungen zu zerreißen, falls nicht binnen weniger
Stunden eine Adoptivfamilie gefunden würde – eine nahezu
unmögliche Forderung. Dem kleinen Jungen war durch seinen Vater das linke Bein am Oberschenkel abgehackt worden –
damit das Kind beim Betteln mehr Mitleid erregen und mehr
»Umsatz« erzielen würde. Die zunächst ausgesuchte Adoptivfamilie war von der Adoption zurückgetreten, weil sie sich
vor möglichen massiven Problemen für die Zeit der Pubertät fürchtete. Ich konnte den Ärger des Richters in gewissem Maß verstehen, seine Forderung dagegen nicht. Pater
L. hatte sich mit seinem Team sehr dafür eingesetzt, dass für
den Jungen überhaupt ein neuer Versuch gestartet wurde. Auf
der Suche nach jenen neuen Adoptiveltern wurde quer durch
Europa fieberhaft telefoniert, und es war bald klar, dass ich zu
jenem Zeitpunkt die Einzige war, die für die Adoption dieses
kleinen Jungen infrage kam. Gründe dafür waren folgende:
Zum einen hielt ich zufälligerweise gerade eine übersetzte, beglaubigte und überbeglaubigte Adoptionsmappe in den Händen. Ich hatte, wie zuvor schon kurz erwähnt, vom Jugendamt die Genehmigung zur Annahme nicht nur eines einzelnen
Kindes erhalten. Zum anderen hatte ich bereits Vorkehrun-
gen für meine Abwesenheit getroffen, da ich wegen Alciones
Adoption ohnehin in zwei Tagen nach Brasilien fliegen wollte.

Schließlich hatte ich auf Nachfrage spontan meine Bereitschaft zur Adoption des Jungen gegeben. Jetzt musste ich lediglich früher und überstürzt aufbrechen und hatte gerade noch Zeit, bei meinen Kindern und meinem Mann um Verständnis für die vorzeitige Abreise zu werben und mein Flugticket umzubuchen. Wegen all der in Windeseile noch zu erledigenden Dinge und des Abschieds von meinen Eltern hatte ich keine Zeit mehr zum Umziehen. Nur ein paar Sommersachen konnte ich noch in den Koffer packen. Es war kalter Herbst, weshalb ich in Stiefeln und Winterkleidung abflog. In São Paulo erwartete mich Pater L. Er zeigte mir sein Büro, wies mich an, meinen Koffer dort abzustellen und rief ein Taxi. Wir brachen sofort auf, um das Gebäude aufzusuchen, in dem über die Adoption des kleinen Jungen verhandelt werden sollte. Bis dorthin würden wir etwa zwei Stunden fahren müssen. Nun saß ich in meinen dicken Wintersachen im Auto und schwitzte bei 35 Grad Hitze. Wir erreichten die Behörde in der Innenstadt São Paulos tatsächlich zur geforderten Zeit. Ich bemühte mich um eine entspannte Haltung, und es gelang mir, die stundenlangen inquisitorischen Fragen des Richters zufriedenstellend zu beantworten. Das war nämlich die Voraussetzung dafür, den Adoptionsprozess des kleinen Jungen in Gang zu setzen.

Entfernungen und Abenteuer

Zur Bearbeitung der Adoption des kleinen Jungen waren einige Tage bürokratischer Arbeit nötig. Meine Anwesenheit war nicht erforderlich, so dass ich mich in dieser Zeit bei Alciones Richter vorstellen konnte. Ihn hatte ich während der letzten Wochen von Deutschland aus mehrmals angerufen und zusammen mit einer Terminvereinbarung die Zusage für einen baldigen Adoptionsabschluss erhalten. Ich hatte mir vorgestellt, erst einmal einen Tag in Sao Paulo zu bleiben und dann in Ruhe weiterzufliegen. Nach meinem überstürzten Abflug wegen der Adoption des kleinen Jungen war daheim jedoch ein Fax eingegangen. Dieses Fax besagte, dass der vereinbarte Gesprächstermin wegen Alcione willkürlich vorverlegt worden war, weil der Richter sich überlegt hatte, dass er sich lieber in aller Ruhe auf seine geplante Urlaubsreise vorbereiten wollte. Leider hatte er in jenem Fax auch deutlich gemacht, dass er Alciones Adoptionsabschluss wesentlich von meiner sofortigen Ankunft abhängig machen würde. Meine Familie hatte das Fax sofort an Pater L. in São Paulo weitergeleitet, weil ich während des Fluges nicht mehr zu erreichen gewesen war. Ich war entsetzt und wütend, als er mir im Auto das Fax zeigte, weil ich dies für eine erneute richterliche Willkür hielt. Wieso ging der Richter davon aus, dass eine viel beschäftigte Mutter ad hoc zur Verfügung stehen und abfliegen könnte? Was hatte dies mit meiner Eignung als Adoptivmutter zu tun? Trotz meines Ärgers blieb mir im Interesse Alciones nichts anderes übrig, als das Unmögliche möglich zu machen. Ich bat Pater L. umgehend um eine sofortige Buchung meines Fluges. Während ich meine Konzentration auf die Beantwortung der Fragen bezüglich der Adoption des kleinen Jungen richtete, schaute ich immer wieder verstohlen auf die Uhr. Pater L. gelang es unterdessen, einen Platz in einer Maschine zu reservieren, die wenige Stunden später von São Paulo nach Salvador de Bahia abfliegen würde, so dass ich abends nach Serrinha und weiter zu Alciones Richter gelangen könnte. Ich seufzte innerlich erleichtert auf, als ich alle Fragen zufriedenstellend beantwortet hatte und entlassen war. Nun galt es, schnell das Flugzeug zu erreichen, um zu Alciones Richter zu fliegen – wohlgemerkt eine Strecke von 1000 Kilometern, die etwa einer Reiseentfernung von Deutschland nach Nordafrika entspricht. Als Pater L. mir das Fax gezeigt hatte, war er wohl nicht davon ausgegangen, dass ich tatsächlich ohne Zögern weiterfliegen würde, denn sonst hätte er mich meinen Koffer nicht in seinem Büro abstellen lassen. So nämlich blieb keine Zeit mehr, meine Sachen abzuholen. Mit fliegenden Fahnen sprangen wir wieder in ein Taxi und rasten zur reservierten Maschine.

Nun galt es, einerseits den Stau der 14-Millionen-Metropole zu überstehen und andererseits auf freien Strecken sehr schnell zu fahren, um den Flughafen rechtzeitig zu erreichen. Bei meiner Ankunft stand meine Maschine bereits abflugbereit auf dem Rollfeld und durch das Entgegenkommen des Bodenpersonals konnte ich noch einsteigen. Ich schnallte mich erleichtert an: Der überstürzte Aufbruch von Deutschland, der lange Flug nach São Paulo, die Fahrt zum Termin wegen der Adoption des kleinen Jungen, die Konzentration bei all den vielen Fragen, das Schwitzen in der Winterkleidung, die Hetzerei zum Flughafen hatten mich erschöpft. Aber wieder hatte ich eine Etappe geschafft. Pater E., der mich um Alciones Adoption gebeten hatte, war benachrichtigt worden und hatte zugesagt, mich gleich nach der Landung in Salvador de Bahia abzuholen.

Eine gefährliche Taxifahrt

Aber es war wie verhext: Die Maschine musste wegen irgendwelcher technischer Schwierigkeiten einen Zwischenstopp einlegen, wodurch eine Verzögerung eintrat. Als ich dann endlich in Salvador de Bahia landete, war es bereits Nacht. Pater E. hatte am Flughafen vergeblich auf mich gewartet und war wieder weggefahren, weil er mit meiner Ankunft nicht mehr gerechnet hatte. Ich versuchte, ihn telefonisch zu erreichen, aber das Kommunikationsbüro war nicht mehr geöffnet und mit dem Münzapparat erhielt ich keine Verbindung. Die Geschäfte am Flughafen hatten längst geschlossen, und ringsum war es menschenleer. Ich bekam Angst, als auch die letzten Mit-Passagiere sich verzogen. Als mein Versuch scheiterte, den Pater telefonisch zu erreichen, war ich ratlos. Zwei Taxifahrer standen bereit, aber ich zögerte. Ich hatte gehört, dass mitunter Vereinbarungen für gezielte Überfälle getroffen werden und Fahrer und Räuber sich dann die Beute teilen. Andererseits lag noch eine weite Strecke vor mir, und ich wollte die Zukunft Alciones durch mein Nichterscheinen nicht gefährden. Dann hatte ich eine Idee: Ich ging auf einen der letzten noch anwesenden Flughafenmitarbeiter zu, erklärte ihm mein Problem und traf eine Vereinbarung: Ich gab ihm das Autokennzeichen des von mir ausgesuchten Taxis sowie 50 DM und die Rufnummer der deutschen Botschaft. Im Gegenzug bekam ich die Telefonnummer des Flughafenmitarbeiters. Ich vereinbarte mit ihm, dass er die deutsche Botschaft informieren sollte, sollte ich mich nicht bis 12 Uhr des nächsten Tages bei ihm gemeldet haben. Dann sei mir nämlich etwas zugestoßen. Auf diese Weise wollte ich zumindest meine Familie informiert sehen und einen Anhaltspunkt für Nachforschungen bieten. Dann stieg ich mit bangem Gefühl in das Taxi, gab dem Fahrer die Adresse der Sozialstation und Pfarrei, an der Pater E. arbeitete, setzte mich auf den Rücksitz und fuhr in die Nacht hinein. Zuerst war alles noch erleuchtet und die Straßen waren ausgebaut, später jedoch gab es keine Häuser und keine Lichter mehr. Wir fuhren durch ein mit Bäumen und Sträuchern dicht bewachsenes Gebiet. Der Weg war holprig, das Auto schlich nur noch langsam vorwärts, und schließlich hielt der Fahrer ganz an. Wieso das? Mir schien das Blut in den Adern zu gefrieren und als der Fahrer sich zu mir auf dem Rücksitz umdrehte, ergriff mich Panik, und mein Herz klopfte wild vor Angst. Lediglich mein Verstand arbeitete so klar, wie ich das von schwierigen Situationen kenne. Es dauerte nur wenige Sekunden, bis ich mir die Hände über den Bauch legte und laut zu stöhnen begann. Dabei stieß ich auf Spanisch einige abgehackte Sätze aus: »Schnell, mein Baby kommt! Fahren Sie weiter! Es gibt eine Frühgeburt! Los! Mein Mann und der Arzt warten auf der Sozialstation!« Die Zeit schien extrem langsam zu verstreichen, ich zitterte vor Angst, registrierte dennoch, dass der Fahrer irritiert guckte. Er zögerte, drehte sich um, startete den Motor wieder und fuhr weiter. Ich ließ mich erleichtert zurücksinken und dankte im Stillen Gott dem Allmächtigen. Das zwischenzeitliche und erforderliche Stöhnen vergaß ich aber nicht. In Sicherheit fühlte ich mich erst, als ich in der Sozialstation eintraf. Ich knallte dem Fahrer das Geld auf den Beifahrersitz und warf mich schluchzend und erleichtert in die Arme des Paters, der mit mir gar nicht mehr gerechnet hatte. Nun waren wir beide froh, den Termin am nächsten Morgen wahrnehmen zu können. Der Tag war aufregend gewesen und die Nacht bald zu Ende.

Richter, immer wieder Richter

Der nächste Morgen kam und damit der Termin beim Richter. Immer noch trug ich meine viel zu warme Winterkleidung. In meiner Aktenmappe befanden sich außer dem Umschlag mit den erforderlichen Papieren nur Geld und Pass, mein Koffer war tausend Kilometer weit weg. Ich hatte keine Zahnbürste, keinen Kamm, kein Make-up, keine frische Wäsche, keine persönlichen Gegenstände. Ich musste dennoch nicht nur ausgeruht und entspannt wirken, sondern dem Richter auch konzentriert antworten und ihn durch eine gepflegte Erscheinung überzeugen. Das war nicht leicht, denn ich hatte starke Kopfschmerzen, hohes Fieber und brauchte Antibiotika. Statt zu resignieren, erinnerte ich mich an den Wahlspruch meiner Mutter: »Ich will! Dies Wort ist mächtig, spricht's einer ernst und still. Die Sterne reißt vom Himmel das eine Wort: Ich will!«. Ich erinnere mich nicht mehr an die Einzelheiten des Zusammentreffens mit dem Richter und die weiteren Gespräche der folgenden Tage. Ich weiß lediglich, dass ich abends meine Wäsche wusch, zum Trocknen ans Fenster hing und sehnsüchtig darauf wartete, obwohl krank, wieder nach São Paulo fliegen zu können. Ich wollte endlich an meinen Koffer und sommerliche Kleidung kommen.

Irgendwann war es dann so weit. Die Adoption von Alcione war noch nicht beurkundet, aber man war bereit, für einige Tage auf meine Anwesenheit zu verzichten, weil zwischen verschiedenen Ämtern die Drähte heiß liefen und der Adoptionsprozess seinen Fortgang nahm. Meinen Teil hatte ich nämlich erledigt, weil ich mit Alcione zuvor eine Gesundheitsbehörde wegen eines Gutachtens für sie aufgesucht hatte. Da das Mädchen als Findelkind nämlich kein offizielles Geburtsdatum hatte, musste nach der Untersuchung durch den Arzt und der Einschätzung des Alters ein Datum festgelegt werden. Auch sollte nach Auflage der Behörde bei anderen Ämtern sichergestellt werden, dass für Alcione eine Geburtsurkunde ohne Familiennamen ausgefertigt würde. Während meiner Abwesenheit wollte sich Pater E. darum kümmern, Alcione einem anderen Wohnbezirk zuteilen zu lassen, weil der ursprüngliche Richter bekanntlich in Urlaub war und ein weiterer Richter erst tätig werden würde, wenn Alcione in dessen Bezirk gemeldet wäre. Ansonsten hätte ich ein zweites Mal ohne Alcione nach Hause fliegen müssen. Ich hatte sie noch nicht wieder besucht, um sie nicht zu verunsichern und falsche Hoffnungen zu wecken. Dies wollte ich erst dann wieder tun, wenn feststünde, dass sie nicht mehr von mir getrennt würde und wir tatsächlich gemeinsam nach Deutschland fliegen könnten. Nach dem Hin und Her wegen der Adoption von Alcione atmete ich erleichtert auf, als ich endlich wieder im Flugzeug mit dem Ziel São Paulo saß.

Der kleine Junge kann adoptiert werden

Doch für Erholung blieb auch dann keine Zeit, als ich endlich meine Sommersachen angezogen hatte. Pater L. brachte
mich zu einer Richterin, die mit mir über Leandro – das war
der Name des dreijährigen Jungen, dem von seinem Vater das
linke Bein abgehackt worden war – sprechen wollte. Ich weiß
nicht, warum plötzlich diese Frau für mich zuständig war.
Möglicherweise war jener Richter, der gedroht hatte, die ge-
samte Adoptionsmappe Leandros zu vernichten, wenn nicht
am übernächsten Tag früh eine neue Adoptionsbewerberin bei
ihm im Zimmer stünde, höher gestellt gewesen. Vielleicht hatte
er sich nur von meiner prinzipiellen Eignung als Adoptivmutter überzeugen wollen, um dann die ganze Angelegenheit an
seine Kollegin weiterzureichen.

Diese neu Zuständige jedenfalls lud mich sofort übers Wochenende zu sich ein, weil sie davon überzeugt war, dass ich ihre
Schwester aus einem vorherigen Leben sei. Obwohl ich das be-
zweifelte, war ich dankbar für ihre Freundlichkeit. Sie stellte
mich ihren Freunden vor und etlichen weiteren Amtspersonen, denen sie ihre Auffassung begeistert verkündete. Es dauerte nicht lange, bis ich durch das Zusammenwirken etlicher
Leute die Genehmigung zur Adoption Leandros erhielt. Endlich
durfte ich ihn kennenlernen und besuchen! Nach einer Zwiesprache mit Gott machte ich mich auf den Weg zu ihm. Man
hatte dem kleinen Jungen gesagt, dass er aus dem Heim kommen und ich seine Mutter werden würde. Er blickte mich mit
großen Augen erwartungsvoll an, während ich mich vor ihn
hinkniete. Ich packte meine Seifenblasen aus und pustete sie
in alle Winde. Leandro reagierte aufmerksam. Ich zeigte ihm,
dass man die Seifenblasen fangen und zerdrücken konnte. Er
versuchte es selbst und lachte dabei. Ich applaudierte ihm, und
er freute sich über meine Bestätigung. Er versuchte, auf sei-

nem gesunden Bein hoch zu springen, um eine Seifenblase zu erwischen, was ihm manchmal gelang. Zwischendurch hob ich ihn hoch, und er jauchzte, wenn er die schillernden Blasen fassen konnte. Später gönnte ich ihm eine Pause, setzte die mitgebrachte Kasperlefigur auf meine Hand und ließ sie tanzen, singen und den kleinen Jungen kitzeln. Er folgte dem Spiel sehr konzentriert und verstand die in einfachster spanischer Sprache gestellten Fragen nach seinem Namen, seiner Betreuerin und den Kindern seiner Gruppe. Ich pustete Ballons auf und ließ sie hüpfen. Schließlich hatte ich den kleinen Jungen so weit mit mir vertraut gemacht, dass er mir seine Hand gab und zu Fingerspielen auf meinen Schoß kam. Dieses Ritual zog sich über einige Tage hin.

Erfindungsreichtum ist gefragt

Zusätzlich nahm ich täglich Termine wahr für den Abschluss der Adoption – meist gemeinsam mit Leandro und seiner Betreuerin. Mittlerweile hatte Leandro auch eine vernünftige Prothese von mir bekommen, mit der er laufen konnte. Schließlich war der Tag da, an dem man mir den Kleinen aus dem Heim mitgab, um mit ihm für eine Weile innerhalb Brasiliens zu leben. Zunächst schien alles gut zu gehen. Der kleine Junge saß mit mir im Taxi und hatte das neue Auto in der Hand, das ich ihm geschenkt hatte. Plötzlich fing er an zu weinen und verlangte nach seinem Schnuller. Ich wies den Fahrer an, die nächste Apotheke anzusteuern, ließ ihn warten und kehrte mit dem vermeintlich heiß ersehnten Schnuller zurück, auf dass wir weiterfuhren. Leandro nahm den Nucki für einige Züge in den Mund, spuckte ihn wieder aus und schrie erneut. Da er mit diesem Schnuller nicht zufrieden war, hatte ich als erfahrene Mutter die Idee, ihm statt des kugeligen Nuckis einen flachen Schnuller anzubieten. Wieder ließ ich meinen Fahrer zu einer Apotheke fahren und erstand zwei Nuckis. Doch auch diese verstärkten nur das verzweifelte Weinen, nachdem Leandro sie ausprobiert hatte. Schließlich kam mir die rettende Idee: Ich nahm einen der Schnuller in den Mund und kaute auf ihm herum. Während mein kleiner Junge weiterhin brüllte und der Taxifahrer mich durch seinen Rückspiegel erstaunt, ärgerlich und absolut irritiert beobachtete, fügte ich dem Schnuller mit meiner ganzer Beißkraft Gebrauchsspuren zu. Nach geraumer Zeit steckte ich ihn Leandro wieder in den Mund. Es folgte noch ein letztes Aufschluchzen, ein zaghaftes Lächeln und schließlich ein zufriedenes »mein Schnuller«. Dann schmiegte sich Leandro in meinen Arm; er war zu meinem Kind geworden!

Von nun an flog ich mehrmals hin und her zwischen São Paulo und dem nördlich gelegenen Salvador de Bahia, von wo aus ich nach Serrinha musste und weiter zur Adoptionsbehörde. Doch obwohl ich ständig dorthin bestellt wurde, war hinsichtlich Alciones Adoption kein Ende abzusehen. Es hatte keinen Zweck, sie aufzusuchen und ihr Hoffnungen zu machen, bevor nicht ihre Ausreisemodalitäten geklärt waren. Ich verstand die Bürokraten nicht, die mich zu immer neuen Terminen zitierten, wusste aber, dass Pässe mitunter schneller ausgestellt wurden, wenn den Sachbearbeitern ein Geldgeschenk offeriert würde. Das schloss ich für mich jedoch vollkommen aus, neben moralischen Überlegungen auch deshalb, weil ich keine finanziellen Reserven hatte. Wegen der unvorhergesehenen Adoption mehrerer Kinder innerhalb eines kurzen Zeitraumes waren enorme Kosten angefallen, so dass ich telefonisch mit meiner Bank eine Aufstockung meines Dispokredits vereinbart hatte, um die Beträge für Übersetzungen, Beglaubigungen, Überbeglaubigungen, Flüge und Hotelaufenthalte bestreiten zu können. Wegen Alciones Adoption wurde ich allmählich nervös. Selbst als das Passproblem geklärt war, war der Adoptionsabschluss noch immer nicht in Sicht. Meine Geduld wurde auf eine harte Probe gestellt, denn ich konnte nicht aktiv werden, nicht eingreifen und war gezwungen abzuwarten. Ich flog wieder nach São Paulo.

Erschreckende Zustände in einem Heim

Dort wurde ich mit Pater D. bekannt gemacht, der mich mitnahm in ein berüchtigtes staatliches Heim. Er führte mich in einen großen Raum, in dem sich an den Wänden entlang fast 100 schmale Schlafpritschen befanden. Etwa ebenso viele Kinder im Alter zwischen ein und fünf Jahren wuselten dicht gedrängt herum. Als Spielzeug sah ich nur einen einzigen Ball. Schließlich wies der Pater in eine Ecke. Dort lag ein zusammen gekrümmtes, wimmerndes Kleinkind in seinem Erbrochenen, während andere Kinder darüber sprangen und zwischendurch auch auf das Kind purzelten. Ein unvorstellbarer, wirklich entsetzlicher Zustand! Eine etwa zwölfjährige Hilfsbetreuerin erklärte, dass der kleinen Junge im Sterben läge. Sein Körper war beschmutzt mit Kot und Urin. Er hatte Ausschlag und Eiterbeulen am ganzen Körper, war minderwüchsig und geistig massiv behindert. Ich untersuchte ihn; Diagnosewerkzeuge wie Stethoskop und Othoskop hatte ich immer dabei. Er hatte Lungen- und Mittelohrentzündung. Trotz seiner zweieinhalb Jahre war er unfähig zu greifen, zu sitzen, zu krabbeln oder zu sprechen. Obwohl ich bereits viel Krankheit und Qual in Slums gesehen hatte, wurde mir übel. Ich ging hinaus und hielt mit Gott Zwiesprache: »Was soll das? Warum bekomme ich das hier gezeigt? Ich versuche doch zu helfen, wo ich kann!« Nach einer Weile beruhigte ich mich wieder, obwohl mir vor dem Elend dieses kleinen Wesens graute. Ich versprach, jenem erbarmungswürdigen Kind durch Adoption wenigstens ein menschenwürdiges Sterben bei mir zuhause zu ermöglichen.

Als ich in den Schlafsaal zurückkehrte, gab ich meinen Entschluss bekannt und stellte fest, dass jener Pater bereits darauf spekuliert hatte. Wahrscheinlich hatte man schon quer durch Brasilien telefoniert und von mir berichtet, denn in der folgenden Zeit wurden mir wieder zwei schwerstbehinderte Kinder ans Herz gelegt, die ich dann mit finanziellen Beiträgen zu fördern versuchte.

Finanzielle Belastungen

Die Adoption von Tiago – das ist der Name des kleinen Jungen aus dem Heim – verlief in bürokratischer Hinsicht schnell und reibungslos. Mich ärgerte es jedoch, dass in jenem Distrikt dafür eine rechtsanwaltliche Vertretung erforderlich war. Noch mehr ärgerte es mich, dass der diesmal zuständige Pater D. dafür einen Freund engagierte, der Anwalt war. Dieser verlangte fünftausend Dollar für seine Dienste, und das war ein nahezu unerschwinglicher Betrag für mich! Unter anderem wegen der zusätzlichen finanziellen Aufwendungen standen meine Eltern den Adoptionen beeinträchtigter Kinder viele Jahre kritisch gegenüber, so dass das Damoklesschwert einer Enterbung lange über mir schwebte statt Unterstützung. Diese kam erst viel später, als ich bereits 12 Kinder hatte und meine Eltern sich über einen langen Zeitraum von deren positiver Entwicklung und Integration überzeugen konnten und sicher waren, dass ich meine Kinderschar allein unterhalten, managen und fördern konnte. Pater D. streckte die verlangten fünftausend Dollar zwar aus irgendeiner Kirchenkasse vor, ich hatte das Geld aber relativ kurzfristig zurückzuzahlen. Trotz meiner Religiosität fand ich es unangemessen, dass für Glocken und rote Teppiche Geld vorhanden war, während ich unter dem Existenzminimum lebte und mir absolut nichts gönnte, um Kindern das Leben zu retten.

Mit Tiago im Babytragetuch und Leandro im Buggy betrat ich am vorletzten Tag eine Kirche und betete um die Hilfe Gottes, um diesen Kindern eine gute Mutter sein zu können. Vor allem bat ich darum, Tiago lieben zu können. Ich verglich unser »Verhältnis« mit den in vielen Ländern der Welt arrangierten Ehen: Wenn alle Beteiligten einverstanden sind und die Bereitschaft zur Liebe haben, sind sie in der Lage, die positiven Seiten des Partners wahrzunehmen und wertzuschätzen. Dann kann durch behutsames Miteinander Zuneigung und später sogar Liebe erwachsen. Wenn das Gegenüber jedoch abgelehnt und dessen Gefühle übergangen werden, dann hat eine Verbindung keinen Zweck. Ich konnte dankbar feststellen, wie meine Liebe zu Tiago sich entfaltete und im Laufe der Zeit vertiefte.

Ich darf Alcione mitnehmen

Als ich die Adoptionsurkunden meiner beiden Söhne in den Händen hielt, flog ich wieder ins nördliche Brasilien – in der Hoffnung, dort endlich die Urkunde für Alcione zu bekommen. Leider war dies nicht der Fall. Mir war es jedoch nicht möglich, meine Abreise noch weiter hinauszuschieben! Dank eines Attests wegen meines hohen Fiebers konnte ich die Herbstferien überziehen, aber ich konnte und wollte weder meine Kinder daheim noch meine Schüler länger auf mich warten lassen – auch wenn ich sie von Mann, Verwandtschaft und Freunden gut betreut wusste und täglich mit ihnen telefonierte. So ging ich auf den Vorschlag des Gerichts ein, Alcione nach Deutschland mitzunehmen und den Adoptionsbeschluss später zu bekommen. Also konnte ich endlich, endlich das Mädchen wieder aufsuchen! Einerseits war ich erleichtert, dass ich jetzt einen Besuch verantworten konnte, andererseits bangte mir vor ihrer Reaktion und möglichen Wut darüber, weil sie so lange nichts von mir gehört hatte. Mit innigen Gebeten im Herzen machte ich mich auf den Weg zu ihrem Heim. Pater E. begleitete mich und wartete vor der Tür des Hauses im Taxi. Leandro und Tiago blieben bei ihm. Bei der Begegnung zwischen Alcione und mir sollte niemand anderer dabei sein. Da die Betreuer sie schon über mein Kommen informiert hatten, saß sie bereits im Vorraum direkt hinter der Tür. Als sich diese nach meinem Läuten öffnete und ich Alciones Namen rief, stimmte sie das Lied an, das ich ihr beigebracht hatte: »Gottes Liebe ist so wunderbar!« Ich war gerührt, nahm das Mädchen in meine Arme und schluckte. Alcione war mein Kind geworden. Ich ließ einige Spielsachen für die zurückbleibenden Kinder da und verabschiedete mich. Wir fuhren im Taxi davon. Einen Tag später konnte ich mit meinen drei neuen Kindern den Heimflug antreten.

Die neuen Geschwister wachsen zusammen

Daiane freute sich unbändig auf die Ankunft Alciones und betrachtete glücklicherweise auch Leandro und Tiago nicht als Konkurrenz. Vor der Schule nahm ich mir stets zwei Stunden Zeit für meine Kinder und konnte mich auch ab Mittag ununterbrochen mit ihnen beschäftigen, da mein Mann die Hausarbeit erledigte. Weil die neuen Kinder und ich während der gemeinsamen Zeit in Brasilien einen guten Kontakt zueinander gefunden hatten, konnte wir im häuslichen Alltag darauf aufbauen. Ich war sehr dankbar und froh, dass die übrigen Kinder meinen Brasilienaufenthalt und die dadurch bedingte häufige Mithilfe und Anwesenheit von Freunden und Verwandten als Ferienabenteuer erlebt hatten. Sie ließen sich ohne Probleme auf die neuen Geschwister ein und wuchsen mit ihnen zu einer Gemeinschaft zusammen. Wenn meine Kinder im Bett lagen, bereitete ich mich auf den Unterricht vor und war zufrieden mit meinem ausgefüllten Leben.

Während der Vormittage kam eine Hilfe ins Haus und unterstützte mich. Ich genoss meine Kinderschar und entgegen aller
Erwartung gesundete Tiago unter der fürsorglichen Pflege aller Familienmitglieder. Er blieb zwar schwerstbehindert, lernte
jedoch zu greifen, zu laufen, und irgendwann konnte man sich
sogar rudimentär mit ihm verständigen. Vor allem wurde er
fröhlich, was mich am meisten freute. Täglich sang, spielte,
malte, lernte, förderte ich meine Kinder, ging mit ihnen in die
Natur, machte Ausflüge, besuchte Museen und traf Freunde
und Verwandte. Mein Bus war zwar schon etliche Jahre alt,
aber er tat seine Dienste. Das vor einigen Jahren von mir ge-
kaufte Häuschen war äußerst sparsam in der Bewirtschaftung,
die Kreditrate dafür gering. Unangenehm war es für mich
lediglich, im Winter sehr früh aufstehen zu müssen, um den
Ofen anzuzünden, damit es warm war, wenn die Kinder auf-
standen. Eine solche Tätigkeit hatte ich erst erlernen müssen.
Lästig war es auch, die Asche zu entsorgen, und, da nicht besonders geschickt, verbrannte ich mich öfters. Mein Versuch,
im Garten Gemüse und Obst anzupflanzen, gefiel zwar den
Kindern, war für mich jedoch mühselig. Trotzdem hatte ich
den Ehrgeiz, den Kindern möglichst gesundes und doch preis-
wertes Essen auf den Tisch zu stellen. Kleidung bezogen wir
weiterhin aus zweiter Hand und Bücher aus der Leihbibliothek. Ich war in Mathematik eine schlechte Schülerin gewesen,
doch jetzt machte es mir Spaß, wenn meine finanziellen Kal-
kulationen aufgingen. Die 90 Quadratmeter Wohnraum waren
für die inzwischen zehnköpfige Familie auf die Dauer selbstverständlich viel zu wenig. Ich schaute mich deshalb in der
Nachbarschaft um, weil ich ein großes Haus bauen wollte und
leitete alles dafür Erforderliche in die Wege. Uns ging es mittlerweile so gut, dass ich auch wieder für Zuwachs bereit war.
Wenn Gott mir das zuteilen würde, hätte ich gerne ein kleines
Mädchen im Babyalter bekommen.

Eine Adoption in Sri Lanka

Mein srilankischer Ehemann fuhr immer wieder in seine Heimat. Dort erzählte ihm eine alte, mit ihm verwandte Heilerin von der Vergewaltigung einer jungen Frau durch ihren Onkel. Die daraus resultierende Schwangerschaft hatte sie den Eltern verheimlicht, weil diese eine arrangierte Ehe geplant hatten, die bald stattfinden sollte. Die junge Frau rechnete durch die neue Situation mit existenzieller Gewalt, so dass die Heilerin versuchte, sie während der Schwangerschaft woanders unterzubringen. Das gelang ihr, weil sie der Familie gegenüber argumentierte, dass dann ein Esser weniger zu beköstigen sei und die Tochter die Zeit vor der geplanten Ehe nutzen könne, um noch einiges für ihren späteren Haushalt zu lernen.

Schließlich gebar die junge Frau entfernt von ihrer Familie Zwillinge, einen Buben und ein Mädchen. Um durch das Säuglingsgeschrei nicht verraten zu werden, wollte sie die Kinder zur Ruhe bringen und glaubte dies dadurch zu erreichen, dass sie die Babys mit den Köpfen immer wieder auf den Lehmboden ihrer Hütte schlug. Abgesehen davon, dass die Säuglinge schwere Hämatome davontrugen und traumatisiert wurden, währte die Ruhe nicht lange. Je näher der Hochzeitstermin rückte, desto verzweifelter war die junge Frau. Sie konnte und wollte die Säuglinge – deren Gesundheitszustand lebensbedrohlich wurde – auf keinen Fall behalten. Doch sie hatte, wie es vielerorts und vor allem bei den Ärmsten der Armen in der Welt üblich ist, weder für sich noch für die Kinder Geburtsurkunden. Sie besaß nichts, um ihre Mutterschaft beweisen zu können. Sie hatte keinerlei Ausweispapiere, mit der sie eine für Adoptionen erforderliche Abtrittserklärung hätte beurkunden lassen können. Die Zeit verstrich mit vergeblichen Versuchen, der Frau und den Kindern zu helfen. Für den kleinen Jungen waren Eltern gefunden worden, und mein Mann hatte sich mit der Adoption des kleinen Mädchens einverstanden erklärt, davon ausgehend, dass es behindert sein würde. Ich veranlasste die Untersuchung durch zwei Ärzte und sogar durch die Gesundheitsbehörde. Übereinstimmend wurde eine Behinderung bestätigt und den Behörden in Colombo dringend empfohlen, eine schnelle Adoption und Ausreise zu ermöglichen, weil die Überlebenschancen in Sri Lanka bei null liegen würden. Doch nichts half. Ich konnte lediglich Medikamenten- und Milchpulvernachschub gewährleisten und saß in Deutschland auf heißen Kohlen hinsichtlich neuer Informationen.

Dann spitzte sich die Situation zu. Hier möchte ich einschieben, dass es bekannterweise in Sri Lanka Konflikte zwischen Singhalesen und Tamilen gab, weil letztere sich im Land benachteiligt fühlten und einen eigenen Staat forderten. Die politische Organisation der sogenannten »Tamil Tiger« erklärte sich verantwortlich für diverse Anschläge und Aktionen zur Erreichung diese Ziels. Meinen Mann, einen Tamilen, versuchte man durch Druck auf seine srilankischen Eltern für diese Organisation zu gewinnen. Aber auch die singhalesische Seite übte Druck aus, weil mein Mann in seiner etappenweise journalistischen Tätigkeit eine bestimmte Position beziehen sollte. In dieser Situation wurde er während seines Aufenthaltes in Sri Lanka plötzlich überfallen. Parallel wurde ich aufgefordert, gewisse Gelder zu »spenden«. Da ich davon ausgehen musste, dass diese Gelder für den Kampf – das heißt Waffen – verwendet würden, weigerte ich mich zu zahlen, denn das konnte ich mit meinem Gewissen absolut nicht vereinbaren. Alles schien nun verloren. Mein Mann war ausgefallen, konnte keine Medikamente und kein Milchpulver mehr beschaffen, und mit dem Tod des kleinen Mädchens musste gerechnet werden. In dieser schier aussichtslosen Lage entschloss ich mich zu einem allerletzten Versuch, das Leben des Kindes zu retten.

Der Versuch, ein Leben zu retten

Als Erstes sprach ich mit Freunden, die in jüngster Zeit Babys aus Sri Lanka adoptiert hatten und über Ausweispapiere verfügten, die sie mir aus Nächstenliebe mitgaben. Dann sorgte ich dafür, dass meine Kinder während der Sommerferien 1988 gut betreut würden und buchte schließlich einen Flug nach Colombo. Mit ins Flugzeug nahm ich eine Tragetasche und eine Puppe, die ich in der Ablage verstaute. Nach der Landung blieb ich noch eine Weile sitzen, um den Leuten in meiner Nähe den Vortritt zu lassen. Dann legte ich die Puppe in die Tragetasche, denn jetzt galt es, Einreisestempel zu bekommen – als Voraussetzung für eine spätere Ausreise. Als ich mich der Passkontrolle näherte, hatte ich das Gefühl, mein Herz würde versagen, vor Angst stehen bleiben. Diensttuende mit Maschinenpistolen verstärkten diese Furcht. In Gedanken hielt ich wieder Zwiesprache mit Gott: »Du weißt, dass ich es nicht für mich tue. Ich habe riesengroße Angst. In Deiner Macht steht es, Kinder zu retten oder nicht.« Dann ging ich in die Knie, drehte die Puppe mit dem Gesicht nach unten, nestelte an meinen Schnürsenkeln und ließ die Leute um mich herum weitergehen. Ich zog der Puppe die Mütze tiefer, deckte sie gut zu und richtete meinen Schritt zügig in Richtung Passkontrolle. Mein Herz raste, so dass ich fürchtete, die Kontrolleure würden es hämmern hören. Ich konnte den Männern nicht ins Gesicht blicken, legte lediglich meinen Pass und die Kinderpapiere vor und zwang mich, mit heller Stimme ein Schlafliedchen zu singen, obwohl mir übel war und meine Beine so zitterten, dass ich glaubte, jeden Moment umzukippen.

Plötzlich zuckte ich zusammen, weil mich eine in der Warteschlange stehende Frau fragte, warum ich denn bei dieser Hitze dem Baby eine Mütze angezogen hätte. Trotz meines Schrecks war ich in der Lage, ruhig zu erklären, dass der Säugling eine Mittelohrentzündung hätte. Dann schaukelte und sang ich mit starrem Blick auf meine Tragetasche weiter. Erst beim lauten Knall der beiden Einreisestempel blickte ich auf, wünschte einen guten Tag und ging wie betäubt an den bewaffneten Männern vorbei. Nachdem ich bei der Zollkontrolle Tragetasche und Puppe als vermeintliche Geschenke für Verwandte angegeben hatte, konnte ich zum Ausgang streben. Dort verlor ich die Fassung, weinte, schlug die Hände vors Gesicht und betete: »Nie kann, oh Herr, ich danken Dir genug. Es soll Dir danken jeder Atemzug. Es soll Dir danken jeglicher Gedanke. Nichts and'res möcht' ich sprechen als ›ich danke, danke‹«

Schlechte Nachrichten

Ich sprach mit niemandem darüber und war dankbar, heil durch die Kontrollen gekommen zu sein und Einreisestempel für mich und das Baby zu haben. Doch es kam anders, denn einige Tage später las ich in der Zeitung, dass eine illegale amerikanische Organisation sich des eigennützigen Kinderschmuggels und Kinderhandels schuldig gemacht hatte und bei der Ausreise aus Sri Lanka eine Schlüsselperson gefasst worden war. Damit waren alle Überlegungen zur Ausreise mit dem Baby gegenstandslos, denn nun würde man besondere Aufmerksamkeit walten lassen, so dass jedes unkorrekte Verhalten einem Selbstmord gleichgekommen wäre. Ich war verzweifelt, weil ich lediglich für Medikamente und Milchpulver sorgen konnte. Voller Sorgen reiste ich wieder heim. Inzwischen war das kleine Mädchen jedoch gefühlsmäßig schon zu meinem Kind geworden, bevor es rechtlich als mein Kind gelten konnte.

In Deutschland hörte ich mich dann in der Szene der srilankischen Immigranten um. Man kannte sich dort mit Schleusern aus und nannte mir jemand, der den Transfer gegen eine hohe Summe bewerkstelligen würde. Da der leiblichen Mutter immer noch keine Geburtsurkunde und keine Papiere ausgestellt worden waren, galt sie offiziell als »nicht existent« – ebenso wie ihre Kinder. Der fehlende Pass verhinderte die legale Ausreise des todgeweihten Säuglings, trotz der Bescheinigung der srilankischen Gesundheitsbehörde, dass die Ausreise umgehend erfolgen müsse. Auch die Adoption konnte wegen der fehlenden Ausweispapiere nicht abgeschlossen werden. Schließlich flog ich nach Berlin, um mit dem mir genannten Schleuser Kontakt aufzunehmen. Ich bezahlte ihn und hatte mit der weiteren Organisation des Transfers nichts mehr zu tun. Zweimal wartete ich jedoch vergeblich am Frankfurter Flughafen, weil Einreiseversuche fehlgeschlagen waren. Die Gründe dafür wurden mir nicht genannt. Ich war lediglich enttäuscht, und meine Panik und Sorge um meinen kleinen Winzling nahmen zu. Dann endlich kam das Baby mit den vom Schleuser angeheuerten srilankischen Leuten an. Die fremden Menschen übergaben mir das Baby und waren nach zwei Minuten aus meinem Blickfeld verschwunden; ich hatte nichts mehr mit ihnen zu tun. Wieder konnte ich beten: »Nie kann, oh Herr, ich danken Dir genug. Es soll Dir danken jeder Atemzug. Es soll Dir danken jeglicher Gedanke. Nichts and'res möcht' ich sprechen als ›ich danke, danke‹«. Gerade noch rechtzeitig konnte ich meinen Winzling in Empfang nehmen und mit Hilfe der deutschen Ärzte seine Gesundheit stabilisieren.

Die Einreise durch den Schleuser war keineswegs korrekt, schien jedoch in dieser Situation der einzige Ausweg zu sein, um das Leben des Kindes zu retten. Es dauerte nämlich noch etwa ein Jahr, bis die leibliche Mutter endlich die erforderlichen Ausweispapiere erhielt. Sobald ich diese Nachricht bekam, flog ich wieder nach Colombo, um an der deutschen Botschaft die Adoptionsabtrittspapiere auf völlig legale Weise unterzeichnen und beurkunden zu lassen. Wenn ich jedoch bis zu jenem Zeitpunkt tatenlos gewartet hätte, wäre meine kleine Liseron gestorben! Mir kam etwas in den Sinn, das ich einmal gelesen hatte: »Gott schreibt auch auf krummen Zeilen gerade!« Sofern ein Mensch uneigennützig das Leben eines Mitmenschen rettet, mag dies zutreffen. Trotzdem finde ich es absolut erforderlich und wichtig, dass Behörden aller Länder über Ausreisen und Adoptionen gewissenhaft wachen, denn es gibt genügend Kriminelle, die Schindluder treiben und genügend Egoisten, die armen jungen Müttern ihre Kinder wegnehmen würden!

Mein Winzling gedeiht

Ich hatte die Schleuser mit Nachdruck dazu veranlasst, dass das Baby während des Transports in Decken mit Wärmflaschen eingebettet, ihm in kurzen Abständen kleine Flüssigkeitsmengen gegeben und alles für eine sichere Ankunft in Deutschland getan würde. Der Säugling war zwar zäh, weil er unter schlimmsten Bedingungen überlebt hatte, aber mit fünfeinhalb Monaten und einem Gewicht von nur eineinhalb Kilogramm war doch höchste Fürsorge vonnöten. Zum Glück passierte all dies in sommerlicher Wärme; ich trug meine kleine Liseron im Tragebeutel an meiner Brust und gab ihr Tag und Nacht alle zwei Stunden etwa 40 Milliliter Milch. Dieses Kind betrachtete ich als ein ganz besonderes Gottesgeschenk! Wider Erwarten entwickelte es sich durch intensivste Förderung zu einem gesunden Baby und Kleinkind – natürlich zunächst verlangsamt und in kleinen Schritten. Doch mein Kämpfen und Ringen hatte sich gelohnt! Da mein Mann durch den Bürgerkrieg in Sri Lanka verschollen war, konnte er die gute Entwicklung leider nicht mehr mit mir beobachten. Ich lebte für die Kinder und tat alles, damit sie glücklich aufwachsen konnten.

Engagement in Äthiopien

Nach dem Umzug in das neue große Haus Anfang 1989 hatte ich das kleine, gegenüberliegende Häuschen verkauft. Natürlich war die Kreditsumme nun höher, aber ich kam finanziell trotzdem gut zurecht. Ich führte ein offenes Haus und bot bedürftigen Menschen auch vorübergehend immer wieder Obdach, die sich in Notlagen befanden: Einer deutschen Frau, die nach massivsten Problemen mit ihren Kindern vor dem ausländischen Ehepartner geflohen war. Einem vor der Entlassung stehenden Strafgefangenen ohne Familie, der Fuß fassen wollte. Einem Professor, der sich sozial engagiert hatte und dann vor den Trümmern seiner Ehe und Existenz stand. Einer alleinstehenden Portugiesin, die hochschwanger war und nicht wusste wohin. Einer älteren deutschen Frau, die aus dem Ausland zurückkam und ärztliche Behandlung benötigte. Einer jungen Frau ohne Eltern und Familie, die jahrelang in der Psychiatrie gelebt hatte und unter Wahnvorstellungen litt. Ich öffnete meine Tür, wann immer an diese geklopft wurde – weil ich an das Bibelwort dachte aus Matthäus Kap. 25, Vers 35 und 36: »Denn ich bin hungrig gewesen, und ihr habt mir zu essen gegeben. Ich bin durstig gewesen, und ihr habt mir zu trinken gegeben. Ich bin ein Fremder gewesen, und ihr habt mich aufgenommen. Ich bin nackt gewesen, und ihr habt mich gekleidet. Ich bin krank gewesen, und ihr habt mich besucht. Ich bin im Gefängnis gewesen, und ihr seid zu mir gekommen.« Und an die Zeile in Vers 40: »Wahrlich, ich sage euch: Was ihr getan habt einem von diesen, das habt ihr mir getan!«

Die Jahre vergingen, meine Kinderzahl stieg an, und ich engagierte mich wieder verstärkt in Äthiopien. Ich hatte zwar auch in Brasilien, Sri Lanka und anderen Ländern kleine Sozialprojekte unterstützt und ins Leben gerufen, aber durch die große Hungersnot im Jahre 1993 gab es in Äthiopien so unendlich viel Elend, dass ich meinen Einsatz in diesem Land verstärkte.

So kam es, dass ich auf ein kleines Mädchen stieß, das später meine Tochter Rahel wurde. Ich unterstützte bereits Familienangehörige und war betroffen, als ich sah, dass dieses Kind sich ständig an eine ältere Schwester klammerte, die bettelte und mich aus großen Augen ansah. Um den Kopf hatte das ältere Mädchen das übliche Tuch geschlungen, auf dem Rücken trug es noch ein jüngeres Geschwisterchen. Eine weitere Schwester saß auf dem Boden, und die Brüder sprangen als Schuhputzer umher. Eine Schule hatten diese Kinder nie besucht, Bücher, Stifte, Blätter und Spielzeug waren ihnen völlig unbekannt. Das ältere Mädchen war zudem schwerhörig, weil chronische Mittelohrentzündungen jahrelang nicht behandelt wurden. Die Ohrknöchel waren zerstört, eine Ertaubung abzusehen. Massive Entzündungen drangen in Richtung Hirn vor. Ich ließ mich zu jener Frau führen, die diese Kinder zum Betteln und Arbeiten schickte. Sie hatte bereits zwölf Kinder geboren und war schon wieder schwanger. Mit Hilfe der mich begleitenden Übersetzerin lernte ich ein Umfeld kennen, das von Gewalt, Unterdrückung und Not geprägt war.

Die Behausungen der Menschen in diesem Slum glichen denen meiner Kindheit; sie waren aus Holzbrettern, Folien und Blech errichtet. Im Unterschied zu meinen Spielhütten jedoch lebten, aßen, schliefen, liebten, gebaren, arbeiteten und schlugen sich die Menschen dort. Diese notdürftig erbauten Hütten boten kaum Schutz bei Regen, bei Sturm wurden sie beschädigt und fielen zusammen. Auf den wenigen Quadratmetern war nicht einmal für alle Kinder Platz, so dass etliche Jungen und Mädchen auf der Strasse lebten und eine solche Hütte nur als Ort des Rückzugs von ihren Diebes- oder Betteltouren betrachteten. Wenn Mütter genügend Kinder hatten, wurden manche gegen ein Entgelt sogar zum Betteln »vermietet«. Die Erwachsenen waren so sehr mit ihrem eigenen Überleben beschäftigt, dass für Zuneigung zu ihren Kindern kein Raum blieb. Häufig zählten Kinder nur, wenn sie zum Unterhalt der Familie beitragen konnten. Leider wurde das, was die Kinder durch Betteln oder Kinderarbeit einbrachten, von manchen ihrer Erzeuger – sofern diese überhaupt bekannt waren – sehr schnell in Alkohol umgesetzt. Die meisten Frauen saßen mit ihrer großen Kinderschar allein da, und der Mann, der sich jeweils als ihr neuer Beschützer anpries, hatte keinerlei Interesse an den Sprösslingen seiner Vorgänger. Jedes fünfte Kind starb, so dass viele Mütter gar nicht erst eine Bindung zu ihren Kindern entwickelten. Von all diesen Kindern hatte nicht ein einziges die Chance auf ein menschenwürdiges Leben, das ihm in Geborgenheit und Sicherheit die Entfaltung seiner Persönlichkeit ermöglichen würde! In der folgenden Zeit hatte ich keine Ruhe mehr. Ich versuchte, die bettelnden Kinder, denen ich näher gekommen war, finanziell zu unterstützen und bessere soziale Bedingungen für sie zu schaffen, damit sie in ihrem Land bleiben könnten. Dies scheiterte jedoch an den Erwachsenen, die meine Gelder veruntreuten, Antibiotika weiterverkauften, mir für nicht erfolgte Operationen falsche Bestätigungen zufaxten und Überweisungen unterschlugen.

Wenn ich daheim im Kreis meiner Familie saß und meine eigenen Kinder betrachtete, verglich ich deren strahlende Gesichter mit denen der Kinder aus den Slums Addis Abebas. Ich musste täglich an die fernen, bettelnden Kinder denken und merkte, dass sie mir ans Herz gewachsen waren. Als ich zum wiederholten Mal gebeten wurde, jene Kinder zu mir zu nehmen, zögerte ich trotzdem noch, weil ich mir klar werden und prüfen wollte, ob ich der großen Verantwortung gerecht werden könnte. Außerdem wollte ich mich mit meinem neuen Mann über das weitere Vorgehen abstimmen. Ähnlich wie zu meinem verschollenen srilankischen Ehemann hatte ich auch zu diesem Kontakt durch mein Sozialengagement bekommen. Ich stieß bei ihm auf Verständnis für jene Not leidenden äthiopischen Kinder. Als sich eines der Kinder in akuter Lebensgefahr befand, war mein Entschluss gefasst: Für seine Geschwister und vor allem für dieses Mädchen wollte ich ein Leben lang Mutter sein, zumal es gesundheitlich massiv geschädigt war. Ich wollte ihm medizinische Versorgung zuteilwerden lassen, es pflegen, mit ihm die verlorenen Schuljahre aufarbeiten, einen positiven Schulerfolg ermöglichen und es in aller erdenklicher Weise fördern, um seine Talente zu entfalten. Ich wollte es integrieren, ihm seine verlorene Kindheit schenken, es spielen, tanzen, musizieren, malen, reisen und selbstständig werden lassen. Ich war davon überzeugt, trotz des relativ hohen Alters des Kindes seine psychischen Schäden durch Ausbeutung, Vernachlässigung und Bindungsstörung aufarbeiten zu können. Vor allem wollte ich das Mädchen froh werden lassen und ohne Einschränkung lieben – wozu natürlich auch gehört, hier und da einen Ratschlag zu geben und zur rechten Zeit die Verantwortung für andere Menschen zu wecken. Mit unendlich viel Zeit, Lob und Bestärkung. Ich war optimistisch, weil meine Liebe so groß war.

Manche Adoptionen dauerten bis zu ihrem Abschluss viele Jahre, notwendig aber war zunächst, dass diese Kinder gerettet und einen sicheren Status in meiner Familie bekamen, der mit dem Familiennamen, familiären Rechtsbeziehungen und der deutschen Staatsangehörigkeit verbunden war. Mein Leben und meine Existenz waren für mich zweitrangig, sofern dies gelang. Angst, Belastung, Gefährdung, Geldeinsatz zählten nicht. Ich hatte nur den einen Gedanken: Einem Kind zu seiner Würde und zu Menschenrechten zu verhelfen, mit einem Kind Zukunft aufzubauen. Gegenüber den Warnungen meiner Freunde wegen möglicher Probleme und Enttäuschungen, die ein heranwachsendes Kind bringen würde, war ich völlig taub. Ich vertraute auf Gott und seine Hilfe, und was immer ein Kind tun oder nicht tun würde: Ich würde es lieben!

Schicksale akzeptieren und damit umgehen

Ich sehe die erschreckenden Zustände in Äthiopien, treffe misshandelte Kinder. Ich mache Erfahrungen in Rumänien und erlebe das erste Lächeln eines angenommenen, schwer traumatisierten Kindes. Ausnahmesituationen.

Bindungsfähigkeit und Vertrauen entwickeln

Jeder Mensch hat seine individuellen Gene und ist bereits im Mutterleib Einflüssen ausgesetzt, mit deren Auswirkungen er später lebt. Im ersten Lebensjahr muss sich beim Säugling Urvertrauen entwickeln und das Gefühl, geliebt zu werden. Nur durch die zuverlässige Fürsorge fester Bezugspersonen kann der Säugling Sicherheit gewinnen und sich binden. Wenn durch Vernachlässigung Urmisstrauen entstanden ist, verschließt sich das Kind Neuem und Unbekanntem und ist für die Herausforderungen der nächsten Entwicklungsstufe nicht gerüstet. Mögliche Störungen als Folge fehlender Bindung und Versorgung können Ängste, Kontaktverweigerung, Depression, Aggression oder auch Suchtverhalten sein. Nur auf dem Hintergrund eines erworbenen Gefühls von Sicherheit, Geborgenheit und Anerkennung kann das Kind seine Umwelt erforschen und alles untersuchen. Ständige Verbote in dieser Phase können zu Selbstzweifeln führen oder auch zu dem Versuch, durch »eigensinnige Forderungen« Aufmerksamkeit zu erlangen und Macht auszuüben. Um dem Kind Erfahrungsraum zu ermöglichen, braucht es eine sichere und kindgemäße Umgebung.

In die Phase bis zur Vollendung des dritten Lebensjahrs fällt auch die Beherrschung der Schließmuskeln. In der Regel schaffen Kinder dies ohne Training, und es ist wichtig, sie nicht zu drängen. Auf dieser Stufe erwirbt das Kind eine gewisse Autonomie mit Ich-Ausbildung und die Fähigkeit zum Geben und Nehmen. Dazu gehört auch eine positive Sprachentwicklung, die unterstützt wird durch verbales Eingehen auf kindliche Bedürfnisse, Fragen und Antworten. Misslingt in dieser Phase die

Entwicklung oder begegnet man dem Kind mit übertriebener Kritik, dann entstehen Selbstzweifel, oder es kann zu Schuldgefühlen oder Zwangshandlungen kommen.

In fördernder Umgebung entfaltet das Kind zwischen dem dritten und sechsten Lebensjahr intellektuelle und körperliche Aktivitäten. Es zeigt eigene Initiative und Kreativität, Selbstbewusstsein, Freiheitsgefühl und Entscheidungsvermögen. Außerdem findet es seine Geschlechterrolle als Mädchen oder Junge und ist in der Lage, weitergehende Beziehungen und Freundschaften einzugehen.

Zwischen dem sechsten und zwölften Lebensjahr geht ein normal entwickeltes Kind vom Erforschen und zufälligen Experimentieren zur systematischen Entfaltung von Fähigkeiten, Fertigkeiten und Kulturtechniken über. Es lernt Schreiben, Lesen, Rechnen, Radfahren, die Bedienung von Geräten, Instrumenten, Computern. Das Kind ist in der Lage, Regeln sowohl von Schule und Gesellschaft wie auch von Gemeinschaftsspielen zu akzeptieren. Es erwirbt individuelle Kompetenzen. Wenn diese Stufe nicht erfolgreich durchlaufen wird, dann entwickelt das Kind ein Gefühl von Minderwertigkeit.

Realistische Einschätzung und Achtung

Wer ein Baby adoptiert, weiß üblicherweise nichts über den Verlauf der Schwangerschaft und kann sich über die schwierigen Vorbedingungen des Kindes mitunter nur unzureichend informieren. In der Regel hat das Kind Defizite und ist durch mangelhafte Versorgung und Betreuung geschädigt, vor allem hinsichtlich seiner Bindungsfähigkeit und seines Vertrauens. Einige Kinder habe ich im Säuglingsalter aufgenommen. Sie waren zum Teil lebensgefährlich krank, weil ihre leiblichen Mütter sie nicht ausreichend versorgen und ihnen nicht gerecht werden konnten. Mitunter verkauften sie die zur Verfügung gestellten lebenswichtigen Medikamente, waren der Gewalt diverser Männer ausgesetzt oder alkoholabhängig und konnten auch durch verschiedene Hilfsangebote nicht von einem Leben auf der Straße abgehalten werden. Es lässt sich erahnen, was Babys durchlitten. Zumeist gelang eine spätere Bindung an mich, und die erforderlichen Entwicklungsstufen konnten nachgeholt werden.

Andere Kinder habe ich im Vorschulalter aufgenommen. Sie hatten zumeist schon vielerlei Entbehrungen hinter sich – verbunden mit enormen Defiziten. Häufig waren sie von Erwachsenen ausgebeutet worden – sie mussten betteln, stehlen oder arbeiten. Es fehlte jede Anregung durch Lern- und Spielmaterial. Einige Kinder waren bei ihrer Aufnahme durch mich noch älter. Sie hatten nie eine Schule besucht und hielten sich an die Gesetze der Straße, weil sie keine anderen kannten. Ohne Ellenbogen, ohne Lügen, ohne Gewalt hätten sie nicht überlebt. Sie hatten gelernt, sich um eigener Vorteile wegen durch unsoziales Verhalten durchzusetzen. Niemand hatte ihnen Werte, Ideale, Verantwortung nahegebracht. Ihre Seelen waren nachhaltig geschädigt, und ich muss das jeweilige Schicksal akzeptieren. Ablehnung und Erschrecken sind ebenso unangebracht wie Mitleid. Ich achte jedes Kind mit seiner Vergangenheit und bewundere es, wenn es sich dank der Möglichkeiten, die ihm geboten wurden oder werden, positiv entwickelt.

Erschreckende Zustände

In Äthiopien ist die Kindersterblichkeit extrem hoch. Häufig ist die Ursache unsauberes Wasser, das aus verunreinigten Tümpeln oft aus kilometerweiter Entfernung angeschleppt werden muss. Wer auf der Straße oder in seiner selbst gezimmerten Hütte aus Holz, Plastik und Konservendosen lebt, hat kaum die Möglichkeit, das Wasser abzukochen. Er wird krank, leidet unter lebensgefährlichem Durchfall oder Erbrechen. Medikamente fehlen für das Gros der armen Bevölkerung. Erschwerend sind unzureichende Ernährung und Hunger. Durch den Mangel werden Kinder geschwächt und sind anfällig für diverse Infektionen. Da die zahlreichen Kinder in ihrer kleinen Hütte kaum Platz finden, bleiben sie auch bei Regen auf der Straße. Selbst wenn sie nass bis auf die Haut sind, haben sie nichts Trockenes zum Umziehen. Sie besitzen nur die Fetzen, die sie am Leib tragen. Schuhe haben die Kinder in der Regel nicht, laufen barfuß durch Exkremente und schürfen sich an Steinen die Haut auf. Bakterien dringen ein und verursachen neue Krankheiten. Auch das Ungeziefer tut sein Übriges. Ich habe in den Elendsvierteln kein Kind ohne Läuse, Flöhe, Krätze, Würmer oder Ekzeme gesehen. Durch jahrelange Schmerzen – etwa bei unbehandelter chronischer Mittelohrentzündung – wird nicht nur die Gesundheit, sondern auch die Psyche geschädigt. Es wäre unnormal, wenn ein Kind unter solchen Umständen keine Aggressivität zeigen würde. Verhaltensauffälligkeiten liegen nahe. Vor einer Aufnahme muss ich daher problematische Reaktionen einkalkulieren. Ich hole die Kinder – psychologisch ausgedrückt – da ab, wo sie stehen. Ich bewerte ihre Verhaltensweisen nicht, aber ich beobachte genau. Nur dadurch kann ich mir ein Bild machen, in welchen Situationen das Kind so oder so reagieren wird.

Die Vorbelastungen von Kindern

Ich bin Kindern begegnet, die nicht wussten, wer ihre leiblichen Mütter waren und hin- und hergeschoben wurden wie im nachstehenden Beispiel. Als Säugling erst zu einer Tante, die gerade Witwe geworden war und sich einsam fühlte, das Kind aber nicht ständig versorgte, sondern lediglich dann auf den Arm nahm, wenn sie selbst das Bedürfnis dazu hatte.

Als Kleinkind dann zu einer Bekannten, die für das Kind einen Mietpreis zahlte, um es beim Betteln als eigenes Kind auszugeben und dadurch mehr Geld zu bekommen.

Als Sechsjährige schickte man es zu einer erwachsenen Schwester, um für diese gemeinsam mit anderen Kindern an einem zwei Kilometer entfernten Brunnen täglich Wasser zu holen und das Baby der erwachsenen Schwester zu füttern, weil diese erneut schwanger war.

Als Neunjährige muss es zu einer unbekannten Oma, um für diese durch Wäschewaschen in der Nachbarschaft etwas Geld zu verdienen und zu Hause abzuliefern.

Als Vierzehnjährige zu einem alten Mann, der für die sexuelle Ausbeutung der Jugendlichen die leibliche Mutter gut entlohnt.

Als Sechzehnjährige, die dem alten Mann weggelaufen ist, zu Freiern, um von diesen ausgehalten zu werden.

Dass junge Frauen, die so behandelt wurden, ihren Kindern nicht das zu geben vermögen, was sie brauchen, liegt auf der Hand. Eine Schule haben sie nie besucht und lernten nur die Gesetze der Mächtigeren. Es verwundert also nicht, dass sie ihre eigenen Kinder nicht anders behandelten als sie selbst behandelt wurden.

Man muss sich einmal vorstellen, wie das Alltagsleben wirklich aussieht, wenn jedes fünfte Kind bereits in den ersten Lebensjahren stirbt, 70 Prozent der Menschen nicht lesen und schreiben können, ein Großteil der verbliebenen »Gebildeten« zumeist nicht über das Niveau von Drittklässlern hinauskommt, die Lebenserwartung bei etwa 40 Jahren liegt und die Zahl der HIV-Infizierten ständig steigt. Verzweiflung und Elend stumpfen die Menschen ab, die ums Überleben kämpfen müssen. Es kommt Kindern gegenüber zu körperlicher Misshandlung. Ihnen wird Pfeffer in die Augen gestreut, sie werden

nackt mit stacheligen Pflanzen geschlagen und an Bäume fest-
gebunden – all das habe ich selbst gesehen. Sie erleiden seelische Misshandlungen, die Bedürfnisse der Kinder werden
ignoriert, sie werden vernachlässigt. Und sie werden emotional misshandelt, indem sie isoliert, gedemütigt, terrorisiert und
korrumpiert werden. Ihnen werden Verhaltensweisen der Erwachsenen aufgezwungen. Es ist verständlich, dass Auswirkungen solcher Misshandlungen lebenslang Spuren hinterlassen.
Sobald angenommene ältere Kinder in die deutsche Sprache hineingewachsen waren, habe ich versucht, mit ihnen
ihre Erlebnisse aufzuarbeiten. Weil sie mir von ihrem Leid
und Schmerz erzählten, klärte sich vieles und entlastete sie
auch. Während dieser Gespräche suchten wir dann gemeinsam nach einem möglichen Sinn in diesem Leid, Hoffnung
und Mut konnten daraus entstehen. Wir überlegten, ob diese
konkreten Erfahrungen Ansatzpunkte für Zukunftschancen
ermöglichen. So kann erlebter Missbrauch dazu führen, eine
Selbsthilfegruppe zu gründen. Beispielsweise kann die Begleitung eines sterbenden Angehörigen das Engagement in
einer Hospizgruppe bewirken. Widerfahrene Demütigung,
Nichtbeachtung von Kinderrechten und Manipulationsver-
suche durch Amtspersonen bei den Kindern während der Verleumdungskampagne weckten bei einer meiner Töchter den
Wunsch, Rechtswissenschaften zu studieren.

Vertrauen entwickeln und darauf aufbauen

Wenn ich mir vom Ausmaß der Probleme ein Bild gemacht
habe, formuliere ich Ziele. Priorität hat immer die Entwicklung einer emotionalen Beziehung, weil sich nur darauf Vertrauen aufbauen lässt. Ich bestärke also das Kind immer dann,
wenn es punktuell ein Verhalten zeigt, das sozialverträglich ist.
Das Kind lernt neue Werte und Normen kennen und findet

heraus, welches Verhalten ihm Vorteile bringt. Auf diese Weise können Fortschritte erzielt werden. Wenn jedoch die frühkindlichen Verletzungen nicht aufgearbeitet werden, bleibt die Verhaltensänderung auf oberflächliche Anpassung begrenzt. Diese Verarbeitung ermögliche ich wesentlich durch Kunst-, Spiel-, Gestalt-, Gesprächstherapie und Zusammenarbeit mit Kollegen und deren spezielle Therapieverfahren. Mögliche Aggressionen können über die Bearbeitung eines Boxsackes entladen werden oder auch durch Laufspiele, Tanz und Musik. Doch Heilung beziehungsweise Linderung ist entscheidend abhängig vom Ausmaß der Schädigung und von den intellektuellen Möglichkeiten des betreffenden Kindes oder Jugendlichen. Ich habe, wie schon erwähnt, während meiner Ausbildung als Lehrerin unter anderem auch Kunst studiert und bin begeistert über die positive Wirkung, die sie haben kann.

Wirkung von Kunst

Jeder Mensch – auch jemand mit geistiger Behinderung – kann seine Gefühle durch Farbe ausdrücken. Mit dunklen Tönen kann er seine niedergeschlagene Stimmung wiedergeben, mit hellen und leuchtenden Farben seine frohe seelische Verfassung. Wesentlich ist nicht die naturgetreue Wiedergabe der realen Welt, sondern entscheidend die Darstellung des psychisch Erlebten. Es kann sein, dass ein Kind denjenigen, von dem es sich bedroht fühlt, als Krokodil darstellt. Mit runden bzw. eckigen Formen kann Weichheit oder Härte ausgedrückt werden, Abstände zeigen Nähe oder Ferne usw. usw. Unter meinen Kindern sind sowohl Normalbegabte wie Hochintelligente, Lernbehinderte und geistig Behinderte. Uns alle verbindet die Möglichkeit, Gefühle über kreative Gestaltung mitzuteilen. Nahezu täglich biete ich Impulse und Raum für Malen, Formen, Zeichnen, Kneten und die Arbeit mit verschiedenen

Materialien an. Selbst Kinder, die kaum in der Lage sind, sich zu artikulieren, können Trauer, Ärger, Enttäuschungen, Frustrationen, Wut und mehr ausdrücken. Das gelingt sogar mit Fingerfarben in der Dusche. Darauf kann ich dann sachgerecht eingehen.

Austausch durch kreatives Gestalten

Es ist wichtig, dass sich jedes Kind angenommen fühlt und weiß, dass kein Gefühl schlecht ist. Statt Ärger durch Schimpfwörter und Gewalt auszudrücken oder Süchten zu verfallen, ist es sinnvoll, die Gefühle kanalisiert zu äußern. Die Kinder sollen erleben, wie wertvoll alles ist, was sie gestalten. Deshalb hängen diese Kinderbilder gleichberechtigt mit Originalwerken von Käthe Kollwitz, Salvador Dali, Max Ernst, Ernst Barlach unter anderen an der Wand. Weil ich fast wöchentlich mit einigen Kindern in Museen gehe und Ausstellungen besuche, erleben sie den Austausch mit Künstlern und Galeristen. Sie stellen fest, dass man sie kennt, erkennt und wertschätzt und fühlen sich bestätigt.

Mit Schicksalen umzugehen bedeutet auch, kein Kind zu irgendetwas zu drängen und vor allem, sich keinem Kind aufzudrängen. Jedes Kind hat sein eigenes Maß, um eine Entwicklungsstufe zu erreichen. Das kann bei beziehungsgestörten Kindern beispielsweise bedeuten, dass man zunächst Abstand halten muss. Manchen Adoptiveltern, die keine leiblichen Kinder bekommen können und sich jahrelang vergeblich nach einem eigenen Kind gesehnt haben, fällt es sehr schwer, das Kind nicht sofort innig zu umarmen und zu küssen, wenn sie ihm begegnen. Es ist jedoch wirklich von Bedeutung, sich selbst zurückzunehmen, sich vollkommen auf die Bedürfnisse des Kindes einzustellen, das Kind genau zu beobachten und immer für es da zu sein.

Die Geschichte von Mihaela aus Rumänien

In diesem Zusammenhang möchte ich die Geschichte meiner aus Rumänien stammenden Tochter Mihaela erzählen. Sie ist zwanzig Jahre alt und wurde vor 19 Jahren von mir adoptiert. Mihaela war zur Regierungszeit Ceauşescus in eines der berüchtigten Heime gekommen, in dem sie in einem rostigen Bett vernachlässigt wurde. Ihre leibliche Mutter war verzweifelt gewesen und hatte sie verlassen. Als ich Mihaela zum ersten Mal begegnete, fiel mir auf, dass sie durch niemand und wirklich nichts zu beruhigen war. Sie biss, kratzte, trat um sich und riss sich selbst die Haare aus. Sie war nicht in der Lage, auch nur den geringsten Blickkontakt aufzunehmen und bewegte ihre Hände vor ihren Augen stereotyp hin und her. Da ich bereits vier schwerbehinderte Kinder hatte, galt meine Adoptionsbereitschaft zu diesem Zeitpunkt lediglich einem traumatisierten, nicht aber einem derartig massiv beeinträchtigten Kind.

Nun stand ich ratlos vor jenem Mädchen. Was sollte ich bloß tun? Einerseits hatten sich meine Kinder daheim sehr gut entwickelt und waren bereit für ein Geschwisterchen. Andererseits hatte ich den Adoptionsbehörden in Rumänien deutlich gemacht, dass ich zwar ein rumänisches Kind adoptieren wollte, die Belastung aber nicht zu groß sein dürfte. Wie häufig hielt ich Zwiesprache mit Gott dem Allmächtigen. Schließlich konnte ich dann »Ja« zu Mihaela sagen. Kurze Zeit später bestätigte sich meine Vermutung, dass frühkindlicher Autismus bei ihr vorlag. Unabhängig von der kognitiven Intelligenz ist dies eine Kontaktstörung mit Rückzug auf die eigene Vorstellungs- und Gedankenwelt und bedeutet Isolation von der Umwelt. Nur kurze Zeit später in Deutschland musste ich gemeinsam mit anderen Fachleuten feststellen, dass Mihaela zudem auch geistig schwerbehindert war.

Jahrelange Geduld sorgt für ein Lächeln

Wenn mir ein Mensch gesagt hätte, dass mich ein kleines Kind einmal ratlos machen würde, dann hätte ich dies bezweifelt. Bei Mihaela war es aber der Fall. Jeden Tag schrie sie bis auf nur minutenlange Pausen ununterbrochen. In einer Drei-Zimmer-Wohnung wäre dies nicht auszuhalten gewesen und in einer Kleinfamilie auch nicht. In der Großfamilie mit viel Wohnraum konnte ich jedoch wenigstens ab und zu ein anderes Familienmitglied bitten, mit ihr für eine Weile in ein anderes Zimmer zu gehen, um wieder klare Gedanken fassen zu können. Dies war dringend erforderlich, denn Mihaela stieß gellende Schreie aus, zeigte massive Hospitalismussyndrome und schlug mit dem Kopf auf den Boden, bis sie blaue Flecken hatte. Sie stopfte sich Gras und Erde in den Mund. Es war kaum möglich, sie davon abzuhalten, sich blutig zu beißen. Zu Blickkontakt war sie weiterhin nicht in der Lage. Deshalb hatte ich ein verhaltenstherapeutisches Konzept für sie aufgestellt. Fünfmal täglich zog ich mich für jeweils 10 Minuten mit ihr in ein Zimmer zurück, in dem nichts ablenkte. Sie bekam etwas zu essen, sobald sie sich von mir berühren ließ. Gewohnt war sie an eine am Gitter festgebundene Flasche und keinerlei Kontakt. Wenn das Kind biss und trat, machte ich eine Pause bei der Nahrungsgabe. Es war für mich hart, diese Therapie mit Mihaela durchzuführen, aber mit Konsequenz und unermüdlicher Beständigkeit lernte sie, Berührung zuzulassen. Zunehmend erreichte ich, dass sie mir auf den Mund schaute. Nur so hatte sie die Chance, Worte aufzunehmen und einmal selbst Worte zu formen. Sie vernahm auch in verschiedener Art und Weise den Klang ihres Namens, so dass sie sich mit diesem irgendwann identifizieren konnte. Schließlich erreichte ich nach Jahren, dass sie ihre Mitmenschen anschaute und mit ihnen in rudimentärer Form kommunizierte.

Etwa um ihr fünftes Lebensjahr herum brachte Mihaela ein erstes Lächeln zustande – nicht etwa mir gegenüber, denn ich war diejenige, die therapeutisch hart mit ihr arbeitete. Aber, »der Knoten war geplatzt«: Sie merkte, dass sie durch Sprechversuche und ein ansatzweises Lächeln ihre Bedürfnisse besser befriedigen und mehr erreichen konnte. Sie weitete ihre Kommunikation aus. Wer sie heute sieht, ist erstaunt, dass sie sich trotz ihrer massiven Behinderung sprachlich verständlich machen kann. Mihaela hört gerne Musik, wiegt sich dabei hin und her, ist lebensfroh. Ich gehe davon aus, dass Gott mich als Werkzeug genommen und Wunder an ihr getan hat.

Für jedes Kind ein individuelles Konzept

Auch durch mütterliche Sucht waren von mir aufgenommene Kinder körperlich und geistig beeinträchtigt, hatten Gedeihstörungen, litten an chronischen Infekten, zeigten massive Anzeichen von Verwahrlosung, schienen lange Zeit emotional bindungsunfähig. Sie konnten selbst im Kindergartenalter kaum laufen, hatten größte feinmotorische Probleme, sprachen nicht und litten unter Verlustängsten. Sehr viel später, als sie bereits einfache Sätzen sprechen konnten, zeigte sich, dass sie massiv mutistisch waren, also unfähig, sich Fremden gegenüber zu äußern und in neuen Situationen zurechtzufinden. Die Kinder waren außerdem fast ausschließlich mit Chips und Cola ernährt worden. Deshalb war es eine meiner Hauptaufgaben, sie mit gesunden Lebensmitteln vertraut zu machen. Milch, Gemüse, Vollkornbrot, Ei, Fisch, Salat, Joghurt, Käse, Obst – all das war den Kindern unbekannt. Auch sie schrieen stundenlang am Tag. Auch sie schlugen ihre Köpfen auf den Boden. Manchmal hatte ich den Eindruck, mich in einem Horrorszenario zu befinden. Aber auch für jedes dieser Kinder entwickelte ich ein individuelles Konzept. Während für ein Kind in einer bestimmten Phase logopädische Übungen im Vordergrund standen oder Sprachdialoge mit Handpuppen, Schüttelversen, Reimspielen, zeigte sich für ein anderes Kind in dessen Entwicklungsstufe, dass basale Stimulation und psychomotorische Arbeit angebracht waren. Da die beschriebenen Kinder gesunde Nahrung verweigerten, habe ich sie in kleinen Schritten an diese herangeführt. Ich habe eine »Essensreihe« aufgebaut. Zunächst gab es zwei Stufen mit kleinen Mengen der Lebensmittel, die die Kinder essen sollten, und am Ende stand das, was sie begehrten, also Chips und Cola. So lernten sie, dass sie erst etwas Käse und Obst essen mussten, bevor sie an die gewünschten, also die gewohnten Genüsse kamen. Im Laufe der Zeit wurde der Anteil gesunder Nahrungsmittel höher, während der Anteil an Chips und Cola abnahm, bis er völlig verschwand. Ich habe mich immer darum bemüht, die Kinder nicht zu überfordern, sondern sie wie alle anderen von ihrem physischen und psychischen »Standort« abzuholen und sie weitere Entwicklungsstufen erreichen zu lassen.

Mit der Zeit lernten die Kinder, mit ihren Händen Flüssiges, Festes, Weiches zu unterscheiden, und sie nahmen Warmes und Kaltes wahr. Ich knetete und matschte mit ihnen. Durch Kitzespiele sensibilisierte ich sie. Täglich gab ich ihnen vielfältige Anregungen und Lernimpulse. Im Laufe der Zeit lernten meine Kinder auch unterschiedliche Materialien kennen – Holz, Tuch, Plastik oder Metall. Ich führte sie an verschiedene Arten von Spielzeug heran, die ich mit ihnen ausprobierte. Dies diente gleichzeitig der Verbesserung unserer Beziehung und erleichterte den Kindern eine Bindung. Nachdem sie eine gewisse Entwicklungsphase erreicht hatten, habe ich mit jedem Kind auch spieltherapeutisch gearbeitet. Gerade für Kinder, die sich im Gespräch nur unzulänglich ausdrücken konnten, war es erleichternd, ihre traumatischen Erfahrungen, Angstgefühle

sowie Bedürfnisse, Wünsche, Hoffnungen durch Puppen auszudrücken. Dafür standen vier große Puppenhäuser zur Verfügung und therapeutische Materialien. Manche Kinder waren
zunächst apathisch, sie benötigten Jahre, bis sie die Fähigkeit
zu eigener Aktivität entwickelten.

Manches ist nicht leicht zu akzeptieren

Wichtig ist, das jeweilige Kind in seinem So-Sein wertzuschät-
zen und ihm mit Empathie und Echtheit zu begegnen. Jedes
braucht für seine Entwicklung Leitlinien, Werte, Vorbilder.
Bei Kindern, denen in den ersten Lebensjahren fürsorgliche
Vorbilder gefehlt haben, ist es besonders wichtig, dass ihre
annehmenden Eltern eindeutig sind und Belastbarkeit und
Stärke zeigen. Die Kinder wollen sich geborgen fühlen – und
das können sie nur bei Menschen, die stark sind, Werte und
Lebensziele haben. Schicksale anerkennen – dazu gehört das
Wissen um die Mangelernährung eines Fötus und eines Babys
während der ersten Lebensjahre und die damit verbundene
Unterversorgung des Gehirns.

In Ländern, die der Entwicklungsförderung bedürfen, wird
die Geburt gesunder Kinder – wobei Jungen im Gegensatz
zu Mädchen meist favorisiert werden – häufig als ein Faktor
zur eigenen Existenzsicherung gesehen, der auch den Fortbe-
stand gewährleistet (beispielsweise durch Mitarbeit in der Familie oder durch Beiträge zum Unterhalt). Behinderte Kinder,
Mädchen oder Kranke gelten häufig als unnütze Esser, deren
man sich unter Umständen sogar entledigen möchte. Das geschieht durch mangelhafte Versorgung, frühe »Abgabe« an einen Mann bzw. durch Gewalt oder gar Tötung des Kindes. Da
man in den ärmsten Ländern der Welt üblicherweise nur auf
Antrag eine Geburtsurkunde erhält (beispielsweise weil man

studieren oder ins Ausland gehen will und dafür einen Pass benötigt), haben die meisten Menschen dort ihr Leben lang keinerlei Urkunden. Dafür Geld auszugeben wird allgemein als unnötig angesehen, zumal die Kindersterblichkeit hoch ist, die eigene Lebenserwartung wenig über vierzig Jahre liegt und der überwiegende Teil der Bevölkerung aus Analphabeten besteht. Geburten finden zumeist irgendwo statt, abseits im Freien oder in einer Hütte unter dem Beistand von Familienangehörigen. Sie werden nicht registriert und Fälle von Kindstötungen kaum geahndet.

Kindliche Traumata zeigen sich oft erst in der Pubertät

Da Frauen oft als Sexualobjekt benutzt werden, deren sich Stärkere nach Belieben und ohne rechtliche Konsequenzen bedienen, trifft man in Entwicklungsländern viele Frauen, die nicht wissen, von wem ihr Neugeborenes stammt, die keinen zuverlässigen oder sie unterhaltenden Partner an ihrer Seite haben und die selbst nicht in der Lage sind, für ihr Auskommen zu sorgen. Es bedarf keiner großen Fantasie, um sich die mitunter daraus resultierende Verzweiflung vorzustellen. Die vorübergehenden »Benutzer« des Körpers einer Frau wechseln, ihr Elend wächst, und wenn sie für eine etwas längere Zeit einen Partner hat, lehnt dieser bereits existierende Kinder häufig ab. Dass sich bei einem Kind unter solchen Umständen aufgrund seines wachsenden Bewusstseins und seiner Auseinandersetzung mit seiner soziokulturellen Umwelt sein mentales »Ich« mitunter nur problematisch konstituieren und entwickeln kann, musste ich als Adoptivmutter spätestens in und nach der Reifezeit, die manchmal der normalen Pubertät um Jahre hinterherhinkte, das eine oder andere Mal schmerzlich erfahren.

Um Schicksale akzeptieren und damit umgehen zu können, ist unbedingt Flexibilität erforderlich. Es kann beispielsweise sinnvoll sein, einem Kind zeitweise eine andere Wohnform zu ermöglichen als die der eigenen Familie. Gerade während der Reifezeit kann dies ein Weg sein, der sowohl Eltern wie Kindern bei der Klärung der individuellen psychologischen Sichtweise hilft, der Beziehung zwischen ihnen neue Impulse gibt und eine positive Weiterentwicklung für das Miteinander anbahnt. Das kann ein Umzug in eine Wohngruppe der Jugendhilfe sein, der vorübergehende Wechsel in eine andere Familie oder die Aufnahme in ein Internat. Man muss die für ein solches Kind geeignete Wohnform suchen und die Entscheidung unabhängig von guten Familienbedingungen und der Qualifikation der Eltern allein nach der subjektiven Befindlichkeit des betreffenden Kindes treffen. Einzelne Kinder wurden von mir auf solch »suchenden« Wegen begleitet.

Andere Lebensformen zulassen

Eine meiner Adoptivtöchter hatte in den ersten Lebensjahren massive Probleme mit dem Verhalten der leiblichen Mutter in deren Rolle als Frau gegenüber dem Mann gehabt. In ihrer Reifezeit war es für sie schwierig, Normen und Werte anzuerkennen. Für sie war es deshalb eine Hilfe, die bei mir erfahrenen Normen und Werte mit denen eines anderen Kulturkreises vergleichen zu können; sie ging für einige Zeit ins Ausland und lebte dort bei einer befreundeten Familie. Gleichzeitig konnte sie Einblick in eine andere Gesellschaft bekommen und zudem noch ihre Englischkenntnisse verbessern. Sie konnte sich weiterentwickeln, fühlte sich wohl und war in der Lage, daheim vieles zu schätzen, was ihr zuvor ganz selbstverständlich war. Bei einem anderen Adoptivkind waren massivste Verletzungen in der frühen Kindheit während der Pubertät so problematisch aufgebrochen, dass ein langer stationärer Aufenthalt in einer recht weit entfernten Klinik erforderlich wurde. Als im Anschluss daran noch eine engmaschige ambulante Therapie an jener weit entfernten Klinik durchgeführt werden musste, bot sich für diese Zeit die vorübergehende Unterbringung in einer Wohngruppe an. Heute ist jenes Adoptivkind ein tüchtiger Student, der sich für andere Menschen einsetzt.

Mein Erstgeborener musste einen Umzug verkraften – eigentlich nicht dramatisch, aber für ein Kind, das im Gymnasium plötzlich eine andere Sprache als Pflichtfach hat, durchaus eine schwierige Umstellung, zumal es in unserem Umkreis keine Alternative gab. Vorübergehend ging er also ins Internat. Dort fand er im Kreis Gleichaltriger konzentrierte Förderung in der neuen Fremdsprache. Außerdem hatte er die Möglichkeit, seine rhetorischen Fähigkeiten mit Diskussionspartnern unterschiedlicher Couleur zu messen. Wer sich ausschließlich nach dem Wohl des ihm anvertrauten Kindes richtet, kann in jeder Weise wertvolle Erfahrungen machen. Selbst wenn die meisten meiner Kinder dauerhaft bei mir aufwachsen, komme ich ihrem Wunsch nach, während der Schulferien befreundete Familien aufzusuchen und dort neue Erkenntnisse zu gewinnen. Umgekehrt wohnte auch immer wieder ein Kind von Bekannten für einen kurzen Zeitraum bei mir. Kinder, die auf diese spezifische Weise ihren Horizont erweitern, bringen neue Impulse mit, wenn sie heimkommen.

Freiräume in jedem Alter ermöglichen

Zum gelingenden Leben gehören Nähe und Distanz. Wer sein Kleinkind ständig herumträgt und ihm nicht den Freiraum für eigenes Krabbeln, Laufen und Untersuchen seiner Umwelt ermöglicht, der verhindert oder begrenzt Wachstum. Wer nicht auch hin und wieder die Frustration seines Kindes erträgt und ständig herbei springt, wenn es sich äußert, nimmt ihm die Möglichkeit, in einem gewissen Rahmen Konflikte selbst zu lösen oder schwierige Situationen erfolgreich durchzustehen. Das fängt im Sandkasten an, zeigt sich beim Eintritt in den Kindergarten und zieht sich bis zum Erwachsenenalter hin. Auch wer als Mutter oder Vater die Sorgen seines Kindes mitfühlt, muss ihm die Möglichkeit lassen, Probleme zunächst selbst anzugehen und im Rahmen seiner Fähigkeiten selbst zu lösen. Zurückhaltung ist also durchaus angebracht. Natürlich unterscheide ich, ob Gefahr im Spiel ist oder nicht. So bestehe ich darauf, dass jüngere Kinder beim Überqueren der Straße die Hand geben. Ich lasse meine Kinder unter keinen Umständen auf verkehrsreichen Straßen Fahrrad fahren. Es ist ihnen verboten, ohne Absprache zu anderen Leuten ins Auto zu steigen. Wenn sie im Dunkeln mit Gleichaltrigen auf eine Kirmes wollen, geht das nur mit einer erwachsenen Schwester, die sie sich aussuchen. Auf Risiken im Umgang mit Extremisten mache ich sie ebenso aufmerksam wie auf mögliche Pöbeleien durch Alkoholisierte. Zum Akzeptieren des eigenen Schicksals gehört es auch, mögliche Verhaltensweisen von Zeitgenossen einzukalkulieren.

Unabhängig davon, ob Heranwachsende mit einem Partner zusammenleben wollen, ob es um eine Weltreise mit einer Freundin oder die Studentenbude in einer entfernten Stadt geht: Für eine gelungene Loslösung der jungen Erwachsenen ist gesunde Distanz wichtig, aus der die Beziehung auf Erwachsenenebene neue Impulse erhält und Entwicklungsmöglichkeiten bietet. Für Eltern sind alle Loslösungsprozesse schmerzhaft, aber bislang habe ich gute Erfahrungen gemacht, weil Beziehungen aufgrund von neuen Entscheidungen letztendlich vertieft werden konnten und eine reifere Nähe daraus erwachsen ist.

Ausnahmesituationen wirken
sich auf alle Beteiligten aus

Die nachfolgende Adoptionsgeschichte zeigt, was ich mit dem Akzeptieren von Schicksalen und dem adäquaten Umgang damit meine. Ich war vor sehr vielen Jahren wegen eines Sozialprojekts in Indien gewesen und wollte anschließend wegen der Adoption eines fünfjährigen Mädchens nach Colombo/Sri Lanka fliegen. In Südindien hatte ich eine Frau kennengelernt, die mich darum bat, nach Ende des Projekts ihre Schwester aufzusuchen, die mit ihrer kleinen Tochter von der Familie verstoßen worden war und weit entfernt wohnte. Weil das Mädchen schwer krank sein sollte, versprach ich Hilfe. Da ich, fern aller hygienischen Verhältnisse, auf keinen Fall selbst krank werden wollte, deckte ich mich mit Getränken in Dosen ein und machte mich auf den Weg. Essen brauchte ich nicht, aber täglich trank ich drei Dosen. Viele Stunden fuhr ich in verrosteten Bussen bei glühender Hitze, eingepfercht zwischen Menschen und Tieren. Viele Stunden stand ich abwechselnd auf dem rechten oder linken Bein auf einer Platte, die wegen ihrer vielen Löcher den steinigen Boden darunter sichtbar werden ließ. Viele Stunden saß ich wartend am Straßenrand, weil es wieder eine Panne gegeben hatte – innerlich vor Angst zitternd, weil ich an den Blicken einiger Umstehender ablesen konnte, dass sie sich spätestens bei Einbruch der Dunkelheit über mich hermachen würden. In den abgelegenen Bergen gab es wegen des Strommangels auch keine Telefonverbindungen. Ein Handy kannte niemand, und wahrscheinlich gibt es auch heute dort noch keinen Netzempfang. Panik kam auf. Am meisten fürchtete ich mich davor, dass man mich vergewaltigen, ausrauben und möglicherweise irgendwo verschachern und meine Familie nie wieder etwas von mir hören würde. Als ich endlich mein Ziel erreichte, fand ich die Schwester, deren kleine

Tochter Pathma kurz vor meiner Ankunft wegen ihres Durchfalls und des Erbrechens gestorben war. Ich war sehr niedergeschlagen, denn ich hatte die erforderlichen Medikamente bei mir und hätte diesem Kind sicher helfen können, wenn ich rechtzeitig bei ihm gewesen wäre. Als ich nach Tagen wieder in die Zivilisation zurückkehrte, war ich wegen des Wassermangels vollkommen verschmutzt, total erschöpft und fühlte mich ausgebrannt. Später am Flughafen erfuhr ich, dass meine Maschine mit elf Leuten überbucht worden sei, für mich also kein Platz vorhanden war. Entsetzt brach ich in Tränen aus und bewegte mich für die nächsten zehn Stunden nicht mehr vom Flughafen weg. Kaum jemand kann sich meine Erleichterung vorstellen, als ich schließlich in eine Maschine nach Colombo steigen konnte: Nie im Leben habe ich mich über Sauberkeit so gefreut wie damals. Mir wäre sogar ein Absturz, obwohl nichts danach aussah, egal gewesen, weil meine Angehörigen dann wenigstens einen Totenschein und damit eine Hinterbliebenenpension bekommen würden. Das Glas Tomatensaft, das ich in der Maschine trank, war für mich kostbarer als der teuerste Champagner. Durch die extreme emotionalen Belastungen, die ich in Indien erlebt hatte, war ich psychisch sehr erschöpft, als das Flugzeug landete. Ich denke, dass ich daher einem fünfjährigen Mädchen aus Jaffna, das ich kurz nach der Landung vereinbarungsgemäß traf und später adoptieren sollte, nicht die sonst bei mir übliche Stärke und Zugewandtheit entgegenbringen konnte. Leider war auch das Kind verstört, als es auf mich stieß. Es hatte heftigste Auseinandersetzungen seiner Eltern und deren Trennung erleben müssen. Seine Mutter hatte es darauf vorbereitet, von ihr verlassen zu werden, weil sie sich aus den verschiedensten Gründen nicht in der Lage sah, es zu behalten. Auch seine Geschwister sollten getrennt und verteilt werden. Zwar versuchte ich, die allein lebende Frau finanziell zu unterstützen, um ihr ein Zusammensein mit ihren Kindern doch noch zu ermöglichen, aber nach Monaten erwiesen sich meine Bemühungen als erfolglos. Deshalb war ich bereit, den Wunsch jener Frau zu erfüllen und ihr jüngstes Kind zu adoptieren. Sicherlich war es für das Kind schmerzhaft, sich von seiner Mutter trennen zu müssen, die es über Jahre hinweg als durchaus liebevoll erlebt hatte, im Gegensatz zu den völlig anderen frühkindlichen Erfahrungen anderer Adoptivkinder. Ich hatte jedenfalls lange den Eindruck, dass dieses Kind sich nur schwer auf mich einlassen konnte und Mühe hatte, mich als sicheren Hort und als schützend starkes mütterliches Vorbild zu erleben. Dies führe ich darauf zurück, dass es durch die traumatischen Familienereignisse belastet war wie ich, die ich noch den Tod des indischen Kindes zu verkraften hatte, dem ich nicht hatte helfen können. Es gab im Gegensatz zu anderen Adoptivgeschwistern zwar kaum Schwierigkeiten bei der Eingewöhnung, aber in der Pubertät weigerte sich das Kind plötzlich, in die Schule zu gehen und lehnte jede Norm ab. Diese Verhaltensänderung zu akzeptieren fiel mir schwer, denn selbstverständlich befürworte ich die bei uns bestehende Schulpflicht. Trotzdem gelang es mir, mit der Ausnahmesituation umzugehen und die Verweigerung erst einmal zu akzeptieren. Ich ermöglichte dem Kind einen vorübergehenden Aufenthalt bei Freunden in einem weit entfernten Land ohne geltende Schulpflicht. Danach stimmte ich einem Wechsel in eine ausländische Privatschule zu, und schließlich war mein Kind bereit, in ein Internat des benachbarten Auslands zu gehen. Dort hat es Abitur gemacht und ist jetzt eine sehr verantwortungsvolle Erwachsene, die an der Universität Wien Entwicklungsförderung und soziale Arbeit belegte.

Die Reifezeit war für mich wie für dieses Adoptivkind schwierig, aber ich fühlte mich herausgefordert, das Schicksal dieses Kindes nicht nur anzunehmen, sondern in besonderer Weise flexibel damit umzugehen. Generell ist es in der Erziehung wichtig, nicht einfach aus Bequemlichkeit nachzugeben und das Kind »laufen zu lassen«, sondern Ziele vor Augen zu haben und die Heranwachsenden dabei zu unterstützen, diese gegebenenfalls auch auf Umwegen zu erreichen.

Integration in die Familie und Zusammenwachsen

Ich erleide persönliche Verluste, erlebe unvorhersehbare Situationen, unberechenbares Verhalten der Kinder, sorgenvolle Nächte, stärkende Geschwisterbeziehungen und die Freude der Kinder an Spiel, Natur, Kunst, Ausflügen, Tanz und vielem mehr.

Mutterliebe allein
genügt nicht

Ich bewundere meine Kinder. Von wo auch immer sie herkamen – sie haben sich positiv entfaltet und großartige Leistungen vollbracht. Ich durfte Entwicklungsprozesse anbahnen und die Kinder bei der Aufarbeitung ihrer Defizite gezielt unterstützen. Dadurch gelang es ihnen zunehmend, Schwierigkeiten zu überwinden. Mit Mutterliebe allein hätten die Kinder ihre Bedürfnisse nicht wahrnehmen und lernen können, sie weitgehend sozialverträglich zu befriedigen.

So denke ich an einen meiner Schützlinge, dessen leibliche Mutter sich von immer wechselnden Männern aushalten ließ. Dieser Junge wuchs überwiegend in seiner Straßenkindergruppe auf, hatte jedoch die Hütte seiner Großmutter als Anlaufstation und glaubte sogar, dass die Oma seine Mutter sei. Jener Junge hatte die Normen der Straße verinnerlicht: Ohne den Einsatz seiner Ellenbogen hätte er keine Chance gehabt zu überleben. Er log und stahl. Er hatte Gewalt erfahren und gab sie weiter. Er war schadenfroh. Mit seismographischer Fähigkeit erspürte er die Schwachstellen seines Gegenübers, nutzte sie aus und schädigte den anderen. Wann immer er die Gelegenheit hatte, versuchte er, andere Kinder niederzumachen. Er stellte fortwährend Geschwister oder Mitschüler bloß, provozierte, zankte und leugnete jede Verantwortung. Auch dabei war er erfinderisch und handelte trickreich. Mal mimte er den zuvor selbst Geschädigten, ein anderes Mal gab er sich unwissend, ein drittes Mal beschuldigte er seine Gesprächspartner der Lüge, ein weiteres Mal gab er vor, nicht zu verstehen, was man von ihm wollte. Er war rücksichtslos und egoistisch. Seine

Uneinsichtigkeit war manchmal schier zum Verzweifeln, trotz umfassender Betreuung und Unterstützung konnte ich an sein Inneres nicht herankommen. Fortschritte waren nur langsam zu erzielen.

So fand ich vor Jahren eines Morgens den Tee für alle statt in dem großen Kessel in den Ranzen der Schulkinder. Die Tinte in den Heften war verwischt, Bücher waren aufgeweicht und mussten der Schule ersetzt werden. Außerdem hatte der Junge etliche Zahnpastatuben dazu benutzt, die Federmäppchen innen damit zu beschmieren, so dass ich neue kaufen musste. Neben dem enormen Zeitaufwand entstanden rund tausend Euro Kosten, da 15 Ranzen unbenutzbar geworden waren. Trotz intensiver Recherchen fand ich den Verursacher erst nach Wochen, als er bereits zwei weitere Male solch einen Schaden angerichtet hatte. Doch was nützte dies? Ich redete mit dem Kind, ließ es im Garten Unkraut jäten, damit es durch den symbolischen Verdienst eine kleine Wiedergutmachung leisten konnte, und reduzierte die vorgesehenen Geburtstagsgeschenke, um auch hierdurch einen Beitrag zur Entschädigung zu leisten. Aber damit setzte ich nur ein erzieherisches Zeichen, denn der wirklich große finanzielle Schaden blieb an mir hängen. Wie gut, dass ich schon als Zwölfjährige bereit gewesen war, bescheiden und bedürfnisarm zu leben, denn ich sollte noch häufig auf eine harte Probe gestellt werden.

Verluste für mich persönlich

Wer mich kennt, weiß, dass ich leidenschaftlich gerne fotografiere und filme. So habe ich sowohl Filme, in denen ich selbst als achtjähriges Mädchen zu sehen bin, wie auch Filme, die mich als einundzwanzigjährige schwangere junge Frau zeigen. Verstorbene Kinder aus meiner Familie, Verwandte, Feste, jede

Neuaufnahme von Kindern, Erlebnisse aus allen Kontinenten – alles wurde auf Video festgehalten und war mir ein wertvolles Andenken. Das ist jedem in der Familie bekannt.

Eines Tages war ich den Tränen nahe. Was war geschehen? Zwei Kinder, die aus schwierigen Verhältnissen auch erst im Schulalter aufgenommen worden waren, hatten aus Bequemlichkeit einen großen Teil unserer auf Video festgehaltenen Vergangenheit (Schwangerschaft, Geburten, äthiopische Verwandte, Reisen) einfach überspielt. Ich war entsetzt von so viel Rücksichtslosigkeit, musste es jedoch bei eindringlichen Gesprächen und symbolischen Wiedergutmachungen bewenden lassen. Meine Erinnerungen an einen Zeitraum von 60 Jahren – es handelte sich um 16mm-Filme, die auf Video überspielt worden waren – sind unwiederbringlich verloren. Um nicht wütend zu werden, hielt ich mir wieder mein Ziel vor Augen, im Leben das Wesentliche vom Unwesentlichen zu unterscheiden und psychisch weitgehend unabhängig von materiellen Gütern zu sein. Ich beschloss, die verlorenen Videoerinnerungen als Kollateralschaden zu betrachten und rang mich bewusst dazu durch, dankbar dafür zu sein, dass die Kinder sich grundsätzlich doch positiv entwickelten. Die Wege eines Kindes zu einer sozialisierten und integrierten Persönlichkeit sind eben sehr lang.

Unvorhergesehenes führt zu Unberechenbarem

Ein anderes Mal hatte ich neue Handtücher gekauft und in den verschiedenen Bädern und Toiletten verteilt. Ich verstand zwar gut, wie schwierig ein Wechsel in einen anderen Kulturkreis mit unbekannten Hygienemöglichkeiten ist, aber es war für mich schwer nachvollziehbar, dass ein Kind auch noch nach einem Jahr des Lebens bei mir die Dreistigkeit besitzen konnte, jene neuen Handtücher als Ersatz für Toilettenpapier zu benutzen. Es war zu faul, um aus dem neben der Toilette stehenden Schrank die Rolle zu holen. Ähnlich erschütternd und nur schwer nachvollziehbar fand ich, dass ein Schulkind seine »Geschäfte« noch nach geraumer Zeit nachts lieber auf einen neuen Teppich setzte, als ins Bad zu gehen. Obwohl ich manchmal schlucken musste, versuchte ich, den Ärger ganz bewusst schnell zu verarbeiten und mich über das zu freuen, was das Kind bereits gelernt hatte.

Niemand kann ermessen, wie viele Nächte ich in all den Jahren sorgenvoll wach gelegen habe, weil unvorhergesehene Reparaturen mein gutes und sparsames Wirtschaften zunichtemachten. Dass man bei Kleinkindern alle Geräte in Sicherheit bringt, ist selbstverständlich, aber ich musste mich erst daran gewöhnen, dass manche der angenommenen Kinder einfach unberechenbar waren. Bei mir dürfen nur Erwachsene und Hauswirtschaftskräfte die Wasch-, Trocken- und Spülmaschinen usw. bedienen, doch die Kinder waren von den vielen Knöpfen immer fasziniert und spielten verbotenerweise an den Geräten herum, brachen Schalter ab, sorgten für Blockaden im technischen Arbeitsablauf.

Manches ist hart

Damit die Kinder sich auch bei schlechtem Wetter viel bewegen konnten, habe ich für das Haus eine große Rutsche, eine kleine Schaukel, ein kleines Karussell, einen Boxsack, zwei große Kickerspiele sowie Geräte für Diskobeleuchtung angeschafft, damit sie mehr Spaß beim Tanzen hatten. Doch dies war für einzelne Kinder nicht genug. Ich musste fast wöchentlich Schränke und sogar Türen erneuern, weil sie zum Schaukeln benutzt und aus den Angeln gerissen worden waren. Auch die korrekte Benutzung einer Toilette musste erlernt werden, und es kam unzählige Male vor, dass Toiletten verstopft waren. Halter für Toilettenpapier, Schranktüren, ja ganze Heizkörper wurden aus Verankerungen gerissen. Bücherregale brachen auseinander, weil sie trotz der vielen Spielgeräte zum Klettern missbraucht wurden. Man kann es sich nicht vorstellen, aber über einen längeren Zeitraum fielen monatlich etwa 1000 Euro für Reparaturen oder für Neuanschaffungen an.

Ich habe mir immer wieder klargemacht, dass ich Kinder angenommen habe, die keine Schuhe kannten, kein Bett, kein Besteck, keine Schreibmaterialien, keine Geräte, nicht gewohnt waren an mehrere Zimmer in einem Haus, an keinen Garten und vielem mehr. Es war nötig, in kleinen Schritten vorzugehen. Neu angenommene Kinder machten mitunter alle paar Tage die Reißverschlüsse ihrer Jacken kaputt, verloren täglich Mützen, Schals, Handschuhe, Füller, Scheren, Hefte und brachten es fertig, neue Lackschuhe am Kauftag so zu ruinieren, dass sie zerkratzt waren und die Nähte aufplatzten. Die Kinder mussten in Bereiche integriert werden, die ihnen völlig neu waren. Das betraf den gesundheitlichen wie den psychischen Bereich, adäquates soziales Verhalten, den Lern- und Bildungsbereich, ein gepflegtes Äußeres, das Verhalten im Straßenverkehr, den Umgang mit Haus und Garten und andere Gebiete.

Priorität hatte in jedem Fall das Zusammenwachsen der Familie. Jedes neue Kind brachte zunächst Probleme, und es lag an mir, die Hintergründe des jeweiligen Verhaltens transparent und jedem verständlich zu machen. Meine Aufgabe bestand darin, die Talente des Kindes zu erkennen, sie mit entsprechender Unterstützung zur Entfaltung zu bringen und sie den Geschwistern bewusst zu machen.

Ohne Erziehungskompetenz ist Förderung nicht möglich

Bei jedem Kind stellte ich dankbar fest, wie sinnvoll es war, in meiner Jugend bewusst die Basis für mein Tun geschaffen zu haben. Ansonsten wäre mir eine individuelle Förderung meiner Kinder nicht möglich gewesen. Zum Glück hatte ich als junge Erwachsene auch gelernt, vieles zur gleichen Zeit zu machen und gleichzeitig im Blick zu haben.

Meine Kinder haben Freude daran, dass ich viel mit ihnen unternehme und Ausflüge mache. Gemeinsame Erlebnisse und frohe Stunden führen die Geschwister zusammen. Fern allen Schuldrucks und aller häuslichen Notwendigkeiten haben sie Freude beispielsweise an Besuchen von Zoo, Freizeitpark oder Klettergarten, beim gemeinsamen Spielen in der Natur oder Schlittenfahren. Alles gibt ihnen die Möglichkeit, sich als familiäre Gemeinschaft zu betrachten und Beziehungen untereinander zu stärken.

Die Kinder tauschen sich aus, fühlen sich diesem oder jenem besonders nah, vertrauen sich etwas an, helfen sich und wachsen zusammen. Die Zusammengehörigkeit habe ich in der Anfangszeit auch durch eine einheitliche Kleidung deutlich gemacht. Heute kommt dies seltener vor oder betrifft eher jüngere Kinder, die sehr gerne gleich angezogen sind.

Da Kinder aus Armutsländern nur mehr oder weniger Fetzen trugen, half gleiche Kleidung auch dabei, notwendige »Techniken« zu erlernen, weil alle die gleichen Schritte einüben konnten: Knöpfe an Hemd oder Bluse schließen, Reißverschlüsse zumachen, Schnürsenkel binden. Mir war wichtig, dass die neuen Kinder dadurch lernten, ihre Kleidung ebenso zu behandeln oder zu pflegen wie die der Geschwister; also darauf zu achten, dass sie ordentlich angezogen und ihre Sachen ganz waren.

Da ein neues Kind oft noch lange Zeit statt seines Taschentuchs den Ärmel des Pullis oder der Jacke benutzte, war das natürlich schwierig. Aber ich entwickelte viele kreative Ideen, um den Alltag für die Kinder zu vereinfachen und Lernprozesse zu beschleunigen.

Die Kinder durften nicht überfordert werden

Ich gehe mit den Kindern zur Kirche, nehme aktiv am Gemeindeleben teil und hatte stets den Eindruck, dass ihnen die Eingliederung in eine größere Gemeinschaft guttat. Sie erlebten stufenweise die Einbettung zunächst in meine Familie, dann in die größere Gruppe von Schule und Kirche sowie Sport-, Musik-, Tanzverein und später die Integration in die Gesellschaft. Wichtig für die Erziehung und Integration war die Art meines Umgangs mit den Kindern. Die musste ich jedoch, wie bereits ausgeführt, bei den ersten Begegnungen mit dem Kind an dessen Vorgeschichte anpassen, um es nicht zu überfordern und ihm zu ermöglichen, mich zu akzeptieren.

Dies bedeutete, dass ich bei einzelnen älteren Kindern zunächst autoritärer auftreten musste, als es mir entspricht. Die Gesellschaft ihres Herkunftslandes war geprägt vom Desinteresse gegenüber Kindern, sie bekamen überhaupt keine Anleitungen. Erwachsene verlangten stattdessen strikten Gehorsam ohne Wenn und Aber und verabreichten drastische Körperstrafen auch in Schulen. Daher war es für mich wichtig, natürlich ohne Strafen, jedoch durch ein punktuell autoritäres Auftreten von den bereits erwähnten älteren Kindern als die Starke und Überlegene anerkannt zu werden. Denn nur dann waren sie bereit, von mir zu lernen und Positives anzunehmen. Gleichzeitig sollten sie meine Echtheit, Wärme und Wertschätzung spüren – für die meisten Kinder eine erstmalige Erfahrung in ihrem Leben. Das Klima, in dem die meisten Kinder

aufgewachsen waren, war geprägt von Kälte, Rücksichtslosigkeit und Feindseligkeit. Sie waren weder in der Lage, ihre eigenen Gefühle wahrzunehmen, geschweige denn, sie zuzulassen.
Aus ihrer Weltsicht heraus galten Gefühle als Schwäche ebenso
wie Verständnis als Schwäche interpretiert wurde. Mit Schwa-
chen wollten sie lediglich dann etwas zu tun haben, wenn es
sich um Opfer handelte. Nur sehr Starke konnten sie anerkennen und achten. Deshalb reagierten sie auf meinen ihnen ange-
messenen Erziehungsstil.

Ich beobachtete bei vernachlässigten Kindern teilweise auch
das Phänomen, dass sie allen Impulsen völlig unkontrolliert
nachgaben. Spätestens in der Pubertät hatten sie deswegen Probleme. Sie hatten Schwierigkeiten damit, Vereinbarungen ein-
zuhalten, zeitliche Vorgaben anzuerkennen und etwas durch-
zuziehen, auf das man sich in langen Gesprächen mit ihnen
geeinigt hatte. Ich verhielt mich jedoch weiterhin konsequent
und eindeutig. Grundsätzlich konnten die Kinder akzeptieren, dass ich ihren individuellen Möglichkeiten entsprechend
Anforderungen an sie stellte, auf die Einhaltung von Regeln
pochte und deren Einhaltung auch durch Lob und Verstärkung
förderte. Sie lernten aber auch, dass ich an ihnen interessiert
war, sie mit ihren Bedürfnissen und Wünschen ernst nahm.
Die Kinder wurden dazu ermuntert, in sich hinein zu horchen,
Gefühle wahrzunehmen, Ideen zu entwickeln, einen eigenen
Standpunkt zu finden und sich zu integrieren.

Geschwisterbeziehungen helfen

Hilfreich bei der Eingewöhnung waren durchaus auch die
bereits vorhandenen Kinder. Die Beziehung der Geschwister
untereinander gestaltet sich in biologisch zusammengesetzten
Familien in Abhängigkeit von ihrem Alter, dem Altersabstand,
der geschlechtlichen Identität des Kindes. Da zu meiner Fami-

lie auch erwachsene Kinder mit geistiger Behinderung gehören, ist das Kriterium des Alters und des Altersabstands nicht ausschlaggebend. Eine Rolle spielt die jeweilige Entwicklung des einzelnen Kindes. So kann es durchaus sein, dass ein dreizehnjähriger beeinträchtigter Junge nicht allein einkaufen gehen darf, um sein Taschengeld auszugeben, dies jedoch in Begleitung eines zuverlässigen elfjährigen Bruders tun kann.

Die Kriterien werden offengelegt, sind für jeden verständlich und transparent. Die Kinder selbst machen auch Vorschläge und erkennen, dass es keine unumstößlichen Regeln gibt. Die positive Entwicklung eines Kindes hat automatisch auch einen größeren Handlungsspielraum zur Folge, unzuverlässiges oder verantwortungsloses Verhalten wird mit den Geschwistern zusammen erörtert und der Handlungsspielraum reduziert. Dadurch werden viele Anreize für Entwicklung gegeben, und die Beziehungen zwischen den Geschwistern untereinander sind fließend. Beispielsweise war es vor etlichen Jahren für einen Jungen mit ausgeprägtem Machoverhalten und hohem Aggressionspotenzial schwer zu akzeptieren, dass er hin und wieder nur in Begleitung einer etwas jüngeren Schwester zu bestimmten sportlichen Unternehmungen gehen durfte. Sie – ebenfalls eine leidenschaftliche Sportlerin – hat er mittlerweile in seiner Entwicklung überholt; nun darf dieses Mädchen zu späterer Stunde nur in seiner Begleitung weiter entfernte Sportveranstaltungen besuchen. Dies ist kein Einzelfall. Jüngere Kinder erleben durchaus, dass sie ihrerseits erwachsenen Geschwistern mit Behinderung – sofern es sich gerade ergibt – helfen können, andererseits von diesen aber beispielsweise beim gemeinsamen Singen angeleitet werden können. Während in rein biologischen oder kleinen Familien unter den Geschwistern eine konfliktreiche Dynamik häufig dadurch entsteht, dass jedes Kind nach der Gunst der Eltern

1959 bin ich (links) mit der Familie in Italien.

1958: Mit Schwester und Vater in Österreich.

1954: Ich suche die Sonne.

1957 mit meinen Eltern und meiner Schwester in Dänemark.

1968 als Novizin der Dominikanischen Frauengemeinschaft.

2005: Meine Eltern, Marianne und Gerhard Stenmans.

Meine geliebten Schwiegereltern, Martha und Richard Schumacher.

1970: Meine Schwiegereltern träumten mit mir gemeinsam von Kindsannahmen.

1979: Mein Sohn Sascha (Mitte) als stolzer Bruder.

1979: Wandern kostet nichts und macht Freude.

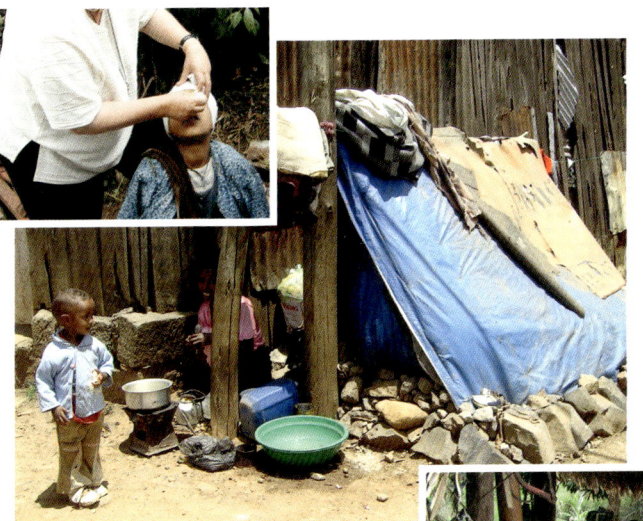

Links: Bei der Versorgung einer Kranken in Äthiopien.

Rechts: Zur Verbesserung solch menschenunwürdiger Lebensbedingungen, wie hier in Addis Abeba, möchte ich meinen Beitrag leisten.

In Venezuela gilt es herauszufinden, was Indianerfamilien sich vorstellen.

In Kambodscha muss Kindern nachhaltig geholfen werden.

Froh über die Genesung eines von mir betreuten jungen Mädchens.

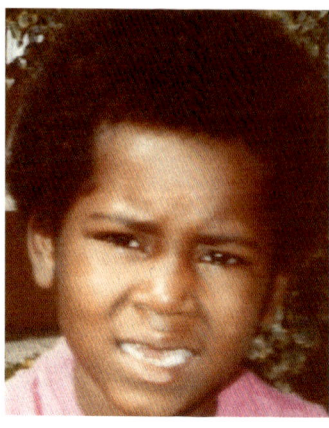

1987: Daiane, 6 Jahre, in Brasilien.

1987: Alcione, 7 Jahre, in Brasilien.

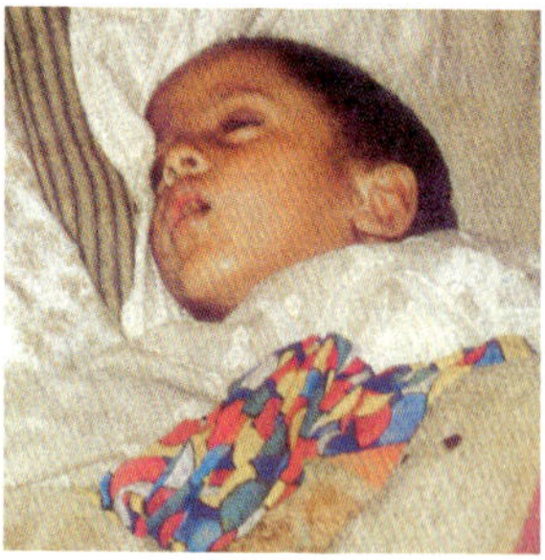

1996: Noel, 4 ½ Jahre, in Äthiopien.

Der Galerist Gerd Reinz ist seit Jahren ein Freund meiner Kinder und fördert deren Kunstliebe durch Begegnungen und Kunstgeschenke.

Oben: Hausmusik ist
für uns alle wichtig.

Rechts: Vor dem
Springbrunnen am
großen Haupthaus
der Familie.

2002: Die Liebe zur
Natur wird auch bei
den Jüngsten bereits
gefördert.

Mit Klavierbegleitung
macht Singen mehr Spaß.

Ein Teil des Gartens mit
drei kleineren Häusern
meines Anwesens.

Für Reginas Studium ist die
Arbeit am Computer unerlässlich.

Nach Phasen der Konzentration
sind Bewegung und Klettern angesagt – die meisten Kinder sind dabei.

Der Wald bietet
Abenteuer beim
Hüttenbauen und
Klettern.

Wir sitzen zusam-
men im Garten, um zu
spielen, vorzulesen und
uns auszutauschen.

Mein Zweitgeborener, Immanuel, mit Töchterchen.

Rechts: Einige meiner Kinder sind fußballbegeistert.

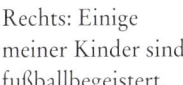

Oben links: Mein Erstgeborener, Sascha, mit meinem Vater und mir.

Oben rechts: 2009: Mit Waltraud und unserem Vater in Emden.

2009: Auf der »Cologne Fine Art & Antiques« beschenkt uns Galerist Vömel.

2009: Mit einem Großteil der Kinder nach einer Besprechung im Arbeitsraum.

2009 mit Liseron und Töchterchen Hannah und Christine mit Ina-Maria.

In Addis Abeba kläre ich regelmäßig ab, welche Hilfe ich vor Ort leisten kann.

strebt, erlebe ich in meiner Großfamilie nahezu keine Rivalität. Dies erkläre ich mir dadurch, dass die Geschwister sich untereinander viel geben, dass mehrere erwachsene Kinder, die bei mir angestellt sind, auch Bezugspersonen sind und dass ich bewusst versucht habe, mich nach einer aufgebauten Beziehung zunehmend aus dem Mittelpunkt des kindlichen Erlebens zu entfernen. Natürlich bin ich für die Kinder von großer Bedeutung, aber weder konzentrieren sie ihr Liebesbedürfnis ausschließlich auf mich noch bin ich allein das Ziel ihrer Zuneigung. Ich möchte betonen, dass weder eine geringere noch eine höhere Kinderzahl automatisch Auswirkungen hat auf die Qualität von Liebe und das Maß an Zuwendung. Ich kenne Groß- wie Kleinfamilien, bei denen die Einsamkeit und Vernachlässigung bereits vorhandener Kinder mit jedem Neuankömmling vergrößert wurde, aber auch einen deutlichen Zuwachs an Liebe bedeuten konnte.

Die »Vorarbeit« zum Gelingen eines meist harmonischen Zusammenlebens bestand in meiner Familie vor allem in Folgendem: genauer Beobachtung, Offenlegung von Bedürfnissen und Wünschen sowie der Feststellung von Kompetenzen. Die »Hauptarbeit« folgte einem durchdachten Konzept mit gezielten pädagogischen Impulsen und fördernden Methoden. Die »Nacharbeit« wurde durch unterstützende Initiativen geleistet. Und wie bereits gesagt: Alles, auch die Beziehung zwischen Geschwistern, ist immer fließend. Ich habe beobachtet, dass enge Geschwisterbeziehungen nicht nur die Integration förderten, sondern sich vor allem in der späteren Reifezeit auszahlten. Gerade wenn die Eltern in jener Phase – unabhängig von ihrem tatsächlichen Sein und Tun – im Kreuzfeuer der Kritik stehen, kann der Austausch unter den Geschwistern für Ausgleich sorgen.

Der Einfluss Außenstehender

Der Alltag zeigt, dass bei den ganz normalen Konflikten zwischen Pubertierenden und ihren Eltern die Außenstehenden – Schulkameraden, Freizeitbetreuer, Vereinsmitglieder – wegen ihrer eigenen Vorurteile gegenüber den annehmenden Eltern negativen Einfluss nehmen können. Dadurch kann es zu massiven kürzer oder länger anhaltenden Irritationen und Beziehungsstörungen kommen. Das angenommene Kind muss sich viel aktiver mit seiner Rolle, seinen frühkindlichen Verletzungen, der Trennung und der Aufnahme in eine neue Familie auseinandersetzen. Es muss aber auch lernen, dass die neue Familie nicht dazu da ist, alle Wünsche zu erfüllen und kein Spielball für eigene Launen und Unausgegorenheiten ist, sondern dass wechselseitige Verantwortung für ein zukunftsgerichtetes, fruchtbringendes Miteinander wichtig ist.

Bei den hier erwähnten unkontrollierten Außeneinflüssen können ältere Geschwister eine integrierende Rolle spielen und Irritationen auffangen. Sie sind noch nah genug an den Irrungen und Wirrungen ihrer eigenen Reifezeit und können möglicherweise eine »zickende« Schwester oder einen »großschnäuzigen« Bruder besser verstehen. Häufig haben sie schon genügend Distanz, um aus der »Vogelperspektive« auch die Rolle der annehmenden Eltern wieder ins richtige Licht zu rücken und sich vermittelnd dafür einzusetzen, dass das pubertierende Geschwisterkind sein Schicksal akzeptiert und mit der Familie, die es aufgenommen hat, reifer und gelöster umgehen kann. Integration in die Reihe der Geschwister und ein weiteres Zusammenwachsen mit ihnen und den Eltern klappen auch gut, wenn ein Heranwachsender oder junger Erwachsener zeitweise oder dauernd nicht mehr im gleichen Haushalt lebt. Wesentlich für die Integration in der Familie sind das Zusammenhörigkeitsgefühl und die Sicherheit, sich auf Menschen verlassen zu können, von denen man uneingeschränkt geliebt wird und nach einem Fehlverhalten wieder Verzeihung findet.

Belastende Vergangenheit

Vor vielen Jahren hatte ich für einige Jahre vorübergehend einen älteren Jungen aus Äthiopien bei mir aufgenommen, der mir als Schüler begegnet war und dessen Vater eine wesentliche Rolle unter dem kommunistischen Diktator Mengistu Haile Mariam gespielt hatte. Nach dem Sturz des Regimes 1991 und der Flucht von Mengistu nach Simbabwe kamen viele der bis dahin politisch Aktiven ins Gefängnis – auch der Vater jenes Jungen, der im Rahmen einer Sippenbestrafung für kurze Zeit bereits selbst inhaftiert war. Nachdem sein Asylgesuch zunächst abgelehnt worden war, setzte ich mich für ihn ein, nahm eine gute Rechtsanwältin und erkämpfte mit ihr gemeinsam die Anerkennung des Jungen als politisch Verfolgten, weshalb er aus Deutschland nicht ausgewiesen wurde. Der Junge litt jedoch sehr darunter, dass man von seinem Vater nichts Genaues wusste und gemunkelt wurde, dass etliche Menschen unter ungeklärten Umständen plötzlich verschwänden. Ich flog deshalb nach Äthiopien, machte den Vater ausfindig, besuchte ihn im Gefängnis und unterstützte ihn während der vielen Jahre, die er dort verbrachte. Auch die übrige Familie des vorübergehend bei mir untergekommenen Jungen wurde von mir unterstützt. Besonders die Mutter freute sich immer, wenn ich sie in Äthiopien besuchte und Fotos ihres kurz bei mir lebenden Jüngsten mitbrachte.

Ein Beispiel für gelungene Integration

Durch meine diversen kleinen Sozialprojekte und den engen Kontakt zu der von mir geschilderten Familie hatte ich eine zur Familie gehörende junge Frau und deren vierjähriges

Söhnchen kennengelernt. Beide waren mangelernährt. Der Kleine war chronisch krank, und seine ebenfalls kranke Mutter konnte ihn nicht adäquat betreuen. Zunächst versuchte ich, sie vor Ort zu unterstützen, aber dann hieß es plötzlich, die Mutter sei gestorben. Dies erwies sich später zwar als Gerücht, aber der stark unterernährte Zustand ihres kleinen Jungen und weitere an mich gerichtete Bitten machten mich bereit zur Adoption jenes Kindes. Der Kleine war emotional nicht an eine Bezugsperson gebunden, sondern an viele Menschen um sich herum gewöhnt. Er kannte keine Tagesstruktur und keine Regeln, sondern war im Rahmen der Möglichkeiten einfach immer irgendwie »mitgelaufen«. Zudem war er körperlich und geistig stark beeinträchtigt. Ich schenkte diesem Adoptivkind in der ersten Zeit besonders viel Aufmerksamkeit und Zuwendung. Dabei hatte ich das Gefühl, dass dieses Kind sich selbst nicht wahrnehmen, achten und wertschätzen konnte. Ich sang viel zusammen mit dem Jungen, ließ ihn mit den Geschwistern Kreisspiele machen und Bewegungsspiele, die mit Gesang unterstrichen wurden. Beim Reiten bekam dieser Junge ein Gefühl für sich selbst und lernte, sich sowohl im Miteinander mit dem Tier zu sehen wie losgelöst von dem Pferd. Psychomotorische Fördereinheiten und feinmotorische Übungen halfen dem Jungen, sich besser wahrzunehmen und seine Möglichkeiten und Fähigkeiten auszuprobieren. Gemeinsam mit den Geschwistern machte dieses Kind die verschiedensten körperlichen Selbsterfahrungen. Der Junge spielte mit uns im Familienkreis Theater, Fangen und Verstecken. Er machte mit den übrigen Kindern Gymnastik, spielte mit ihnen Fußball und lernte von ihnen das Skateboard- und Schlittschuhfahren. Auch trainierte er mit seinen Geschwistern an dem von mir gekauften großen Kickerspiel und ließ sich mit ihnen aufs Badmintonspielen ein. Gerade die vielen gemeinsamen Ausflüge sowie Besuche von Museen, Freizeit- und Tierparks un-

terstützten bei meinem Jungen das Zusammengehörigkeits-
gefühl. Mit zunehmendem Alter unternahm er auch etwas mit
älteren Geschwistern, verreiste zusammen mit ihnen und be-
sang mit ihnen gemeinsam Lieder für eine CD. Zunehmend
konnte mein Adoptivsohn Bindungen zulassen und für kleine
Bereiche auch Verantwortung übernehmen. Er fühlte sich den
Geschwistern verbunden, empfand sich sowohl als Teil einer
Gemeinschaft wie auch als Individuum.

Tagesabläufe bei uns zu Hause

Frühes Aufstehen, geregelte Abläufe und viele Unterbrechungen. Wie in jeder Familie passiert Erfreuliches, Belastendes, Unvorhergesehenes, Dramatisches. Es bleibt wenig Zeit für mich.

Von »normalen« und »faulen« Tagen

Es ist mir wichtig, dass jeder Tag klar strukturiert ist. Ich stelle immer wieder fest, dass das Kindern und Jugendlichen Halt gibt. Üblicherweise beginnt mein Tag zwischen fünf und sechs Uhr. Zwei meiner erwachsenen Töchter wecken die jüngeren Kinder um sechs Uhr, helfen beim Waschen und Anziehen und betreuen sie während des Frühstücks. Eine Hilfe für den Haushalt kommt kurz vor sieben Uhr. Ich bemühe mich, wie alle Mütter, die Bedürfnisse meiner Kinder mit allem in Einklang zu bringen, was Schulbesuch, Schulbeginn oder Schulweg erfordern. Dazu gehört natürlich, dass sie vernünftig angezogen und pünktlich sein sollen. Selbstverständlich suchen sich die größeren Kinder ihre Sachen selbst aus, aber ich vergewissere mich, ob sie gut und der Witterung entsprechend gekleidet sind. Ich möchte nicht, dass ein junges Mädchen bauchfrei zur Schule geht, und ich möchte nicht, dass ein Junge mit Turnschuhen durch den Schnee läuft. Ich lobe schickes Aussehen, respektiere den individuellen Geschmack, fühle mich aber verpflichtet, junge Menschen auch in diesen Fragen anzuleiten. Ich verteile Gelder für die Klassenkasse, die Schulmensa oder das Schultheater, unterschreibe noch rasch Schularbeiten oder formuliere Entschuldigungen, wenn ein Kind plötzlich krank wird. Tue also alles, was in jeder Familie ansteht, nur mit dem Unterschied, dass ich dies für eine große Anzahl mache. Dann bete ich mit den Kindern und umarme sie zum Abschied. Ich möchte und halte es auch für erforderlich, dass die Kinder morgens in einer ruhigen und angenehmen Atmosphäre das Haus verlassen, um einen guten Start für den Tag zu haben.

Der Vormittag

Da die Kinder zu unterschiedlichen Zeiten aus dem Haus gehen, bin ich dadurch drei Stunden beschäftigt. Dann habe ich etwa fünfzehn bis zwanzig Minuten Zeit, um zu frühstücken und Zeitung zu lesen. Anschließend setze ich mich an meinen Computer, um Vorträge auszuarbeiten, eine Projektarbeit zu planen, die Post zu erledigen, Rechnungen zu begleichen oder zwischendurch eventuell auch eine pädagogische Beratung durchzuführen. Währenddessen wird von den Haushaltskräften geputzt, gewaschen, gebügelt und gekocht. Zweimal wöchentlich macht eine Tochter gemeinsam mit dem Vater den Großeinkauf für uns. Gegen Mittag und am frühen Nachmittag kommen die Kinder nach und nach heim; die Jüngsten werden von der Schule natürlich immer abgeholt.

Wenn die Kinder nach ihrem Eintreffen sukzessive gegessen haben, ist meine Hauptaufgabe, einigen bei den Hausaufgaben zu helfen. Manche Kinder wollen diese ganz allein in ihren Zimmern erledigen, andere benötigen meine Beratung und Hilfe. Von den meisten Kindern lasse ich mir zumindest die Schulhefte zeigen. Ich achte sehr darauf, dass alle Arbeiten nach Möglichkeit ordentlich und gewissenhaft erledigt werden. Für die Kinder, die keine Hausaufgaben machen müssen, stelle ich Bücher und Materialien zusammen, damit sie zu einem Thema noch etwas erarbeiten können. Ich möchte, dass alle Kinder am frühen Nachmittag eine gewisse Zeit zum Lernen nutzen und notwendige Arbeiten für die Schule erledigen oder sich freiwillig weiter mit dem Schulstoff beschäftigen. Die Kinder sollen erfahren, dass man nicht in erster Linie für die Schule lernt, sondern dass es gut ist, Kenntnisse für sich selbst zu vertiefen.

Gemeinsame Unternehmungen am Nachmittag

Nach einer fürs Lernen genutzten Zeit, dem Silentium, unternehmen wir etwas, aber natürlich nicht alle zusammen. Die Kinder äußern ihre Bedürfnisse und bilden Interessensgruppen, denen ich nach Möglichkeit Rechnung trage: Einige Kinder wollen Freundschaftsbänder knüpfen, andere etwas basteln, wieder andere ein Geschicklichkeitsspiel machen oder Einladungskarten malen für die nächste Geburtstagsfeier. Ich möchte, dass meine Kinder keine Stubenhocker sind, dass sie nicht dauernd fernsehen oder ständig vor dem Computer sitzen. Deshalb geht es täglich nach draußen. Häufig fahren meine mitarbeitenden Töchter und ich mit jeweils einer Kindergruppe zu Plätzen, an denen die Älteren Fußball spielen, skaten oder mit Mountainbikes fahren können, während die Jüngeren auf dem daneben liegenden Spielplatz klettern, Trampolin springen oder schaukeln. Regelmäßig nimmt der Vater einige Kinder mit zum Schwimmen, oder ich jogge zusammen mit ihnen im Wald, wobei ich natürlich zur Freude der Kleinen regelmäßig die Langsamste bin. Manchmal machen wir Eltern mit allen großen und kleinen Familienmitgliedern Gemeinschaftsspiele auf einer großen Wiese. Es gibt viel Spaß, wenn die Kinder schneller laufen und gewinnen.

Da ich nahezu jede Woche mit den Kindern ein Museum, eine Vernissage, eine Ausstellung besuche, bereite ich stets einiges vor, damit das Gesehene kreativ verarbeitet werden kann. Es wird gemalt, modelliert, gebastelt, gesägt, geklebt, aber es werden auch Sketche geschrieben, kleine Stücke aufgeführt, Liedtexte verfasst und Lieder komponiert. Die Kinder tanzen, musizieren oder singen. Dem Einfallsreichtum sind keine Grenzen gesetzt, und die Kinder werden von mir und den erwachsenen Kindern, die mir als Pädagogen zur Seite stehen, sachgerecht unterstützt und gefördert. Ich selbst betreue in der Regel innerhalb eines der Häuser Kinder in drei Zimmern. Das ist genau das Maß an Freiraum und beratender Betreuung, das die Kinder sich von mir wünschen.

Immer wieder mache ich Ausflüge, durch die sie Kontakt mit Tieren haben können – in Tiergehegen, Parks oder in einem Zoo. Die Kinder lieben Tiere, versorgen und spielen auch gerne mit ihren Haustieren.

Auch die individuellen Interessen fördere ich. Kinder gehen in die Tanzschule, reiten, machen Sport in ihrem Verein. Am Spätnachmittag stehe ich zur Verfügung, wenn – zumeist ältere – Kinder für Klassenarbeiten üben müssen, mit den Jüngeren suche ich Bücher zu Unterrichtsthemen. Dabei ergeben sich viele Möglichkeiten für Gespräche und individuelle Zuwendung.

Wenn der Tag sich neigt

Am frühen Abend sitze ich mit den Kleineren zusammen, lese ihnen vor, schmuse und spiele mit ihnen. Durch die Unterstützung der erwachsenen Familienmitglieder finden sich immer Ansprechpartner. Ältere Kinder kommen gerne am späteren Abend zu mir. Der Tag endet – zumindest für die meisten Kinder – mit einem Gutenachtlied, und sie bekommen einen Kuss und einen Segen von mir. Wenn keines krank ist und mich sonst niemand braucht, dann sitze ich danach wieder an meinem Schreibtisch und arbeite oft bis tief in die Nacht hinein. Wenn es sich um Bürokratisches handelt, fällt mir das schwer. Geht es jedoch um psychologisch-pädagogische Themen, genieße ich die Arbeit und höre dabei mitunter Musik, entzünde eine Räucherkerze und esse etwas. Wenn ich schließlich zu Bett gehe, kann es sein, dass ich mir noch eine halbe Stunde eine aufgezeichnete Sendung ansehe oder etwas lese. Meine Nachtruhe ist leider zu kurz; deshalb genieße ich es umso mehr, an den Wochenenden etwas länger schlafen zu können. Auch diese laufen innerhalb eines festen Rahmens ab. Samstags stehen wir zwischen 7.00 und 7.30 Uhr auf. Hilfe für den Haushalt naht um 8.00 Uhr. Jedes Kind wird aufgefordert, sein Zimmer aufzuräumen und seine Schulsachen sowie seine persönlichen Materialien zu ordnen. Einmal pro Monat bekommen meine Kinder Taschengeld, meist an einem Samstag. Den Betrag können sie erhöhen, wenn sie bei der Gartenarbeit mithelfen.

Am Sonntagvormittag besuchen wir den Gottesdienst. Etliche Kinder sind Messdiener oder bereiten im Bibelkreis gemeinsam mit Altersgenossen aus dem Ort ein kleines Gesangsstück oder ein Spiel vor. Der Sonntag gehört der Familie und deshalb nehmen die meisten Kinder an einer gemeinsamen Unternehmung teil. Da zwei ältere Kinder beim 1. FC Köln spielen, machen sich diese oft auf den Weg zu Einsätzen. Mitunter dürfen interessierte Geschwister sie begleiten. Da wir sonntags später und reichhaltiger frühstücken, nehmen wir die warme Hauptmahlzeit am späten Nachmittag ein und gewinnen dadurch etliche Stunden für schöne Ausflüge.

Kreative Einfälle

An keinem Tag werden Kreativität und Zuwendung außer Acht gelassen. An zwei Beispielen kann ich das besonders gut darstellen. Eines spielt sich am Muttertag im Jahr 1985 ab. Mein Zweitgeborener stand kurz vor seiner Einschulung. Obwohl sein älterer Bruder bereits dreizehn Jahre alt war, die angenommenen Zwillinge zehn Jahre und zwei weitere von mir aufgenommene Kinder sieben und ein Jahr alt waren, wollte der Kleine die Organisation der Muttertagsfeier ganz allein übernehmen. Von Anfang an war er ein besonderer Junge, offen und kreativ, gefühlvoll und sozial, aber auch anstrengend und durchsetzungsfähig.

Der kleine Kerl hatte es geschafft, seine Geschwister davon zu überzeugen, mir unter seiner Regie ein Muttertagsständchen zu bringen. Das kostete besonders den Großen Überwindung, denn es bahnte sich bei ihm bereits der Stimmbruch an, und als eher introvertierter Junge fand er an emotionalen Darstellungen keinen Gefallen. Nachdem ich das Lied gelobt, Beifall geklatscht und die gemalten Muttertagsbilder der Kinder in Empfang genommen hatte, baute sich der Kleine vor mir auf: »Mami«, begann er, »du bist so wunderschön und lieb, dass ich mir etwas ganz Besonderes für dich ausgedacht habe.« Auf meinen fragenden Blick hin zog er hinter seinem Rücken ein Fläschchen mit einer weißlichen Flüssigkeit hervor: »Das schenke ich dir. Es ist das beste Parfum der Welt, das dich immer so wunderschön erhalten wird. Ich habe es extra für dich gemacht.« Ich war sprachlos. Mit Gesichtswasser, etwas Milch, zehn Tropfen Parfumöl, einigen Spritzern Sonnencreme und wenig Babyöl hatte er ein Zaubermittel für mich hergestellt, das meine vermeintliche Schönheit unterstreichen und erhalten sollte. Ich war hingerissen. Zwar hielt sich das Wundermittel nicht lange, und ich bezweifle, dass es meine Schönheit bis heute erhalten hat. Doch die Kreativität dieses Jungen zeigte, dass ich auf dem richtigen Weg war und meine den Kindern entgegengebrachte Zuwendung Widerhall gefunden hatte. Das selbst kreierte Parfum, das neben den Inhaltsstoffen vor allem die Liebe und Fantasie meines Sohnes enthielt, erwies sich tatsächlich als Wundermittel, denn 26 Jahre später erwärmt es mein Herz immer noch. Natürlich gibt es auch Tage, an denen ich mich ärgere, wenig erstrebenswerte Gespräche über Verantwortung und Zuverlässigkeit führe, Sanktionen verhängen und diese konsequent überwachen muss. An diesen Tagen wünschen meine Kinder mich »auf den Mond«, weil ich sie »nerve«, weil sie mich »ätzend« finden. Ich hoffe jedoch, dass die Tage gemeinsamer Kreativität und Wärme den größeren Raum einnehmen.

Um ein Gefühl für meine Tagesarbeit zu geben, möchte ich zwei »normale« Wochentage schildern. Die Tage sind übervoll, es kommt immer etwas dazwischen, aber es klappt trotzdem. Nur pünktlich kann ich dabei nicht immer sein.

5:00 Uhr.

Der Wecker schellt: Ein Donnerstag. Nach 5 Minuten stehe ich auf, gehe ins Bad.

5:45 Uhr.

Es schellt. Christine, eine meiner großen Zwillinge, kommt mit ihrer kleinen Tochter. Sie ist eine tüchtige Stütze. »Leg bitte unseren fünf Erstklässlern wärmere Sachen heraus. Es ist kalt geworden.« Sie gibt mir den Kindersitz mit meiner schlafenden Enkelin, weil ich auf sie aufpassen soll. In meinem Privatbereich ist es ruhig.

6:00 Uhr.

Eine weitere Tochter erscheint. Sucht vergeblich eine dritte Schwester: »Sie muss mir den Schlüssel zum Vorratsraum geben. Ich brauche etwas fürs Frühstück.« Ich kann nicht helfen. Die Verwalterin der Vorräte ist im Nebenhaus.

6:05 Uhr.

Eine andere Tochter kommt, der es so schlecht geht, dass sie nicht zur Schule gehen kann. Okay, genehmigt. »Bitte jetzt nichts essen. Keine Milch. Nur Tee trinken.« Ich schreibe eine Entschuldigung und schicke das Fax an die Schule.

6:15 Uhr

Der erste Sohn taucht auf. »Tschüss denn, hier ist die Nummer fürs Praktikum. Du musst dort anrufen.« Weg ist er. Sein Zug nach Köln fährt bald. Er ist im Schulprojekt der U17 des 1. FC Köln. Spät wird er heimkommen. Täglich ist Training.

6:20 Uhr

Die Viertklässler schreiben ein Diktat. Ich bereite eine Übungswiederholung vor. Gestern hatten wir auch ausgiebig dafür geübt. Alle Nomen habe ich blau markiert, alle Verben rot, die Adjektive grün, die Pronomen lila, die Artikel schwarz ...

6:25 Uhr

Ich diktiere, leite ab, helfe mit sogenannten Eselsbrücken.

6:45 Uhr

Zwei Jungen erscheinen. Ich zeichne ihre beiden Hefte ab mit Einträgen, gebe Kommentare dazu. Lobe, mache Mut.

6:48 Uhr

Eine Tochter braucht Geld für den Hauswirtschaftsunterricht. »Klar doch. Gib uns nachher das Rezept. Guten Appetit.«

6:50 Uhr

Ein weiteres Kind steckt den Kopf herein. »Schnell, Mami, eine Entschuldigung bitte für Sport.« Wenn es nur nicht immer auf die letzte Minute damit kommen würde … Die Zeit drängt, die Worte fliegen übers Papier. Die arme Lehrerin, die wieder meine Schrift kaum wird lesen können …

6:53 Uhr

Ich singe mit einigen Kindern ein Morgenlied. Abschied. Segen. Kuss.

7:00 Uhr

Ich laufe einem Jungen hinterher: »Hier, du hast deine Regenjacke vergessen. Vorsicht an der Straße.«

7:02 Uhr

Die fünf Kleinen zeigen ihre Federmäppchen. »Den Bleistift kannst du aber besser spitzen.«, »Fein, dass du nichts verloren hast.« »Du brauchst schon wieder eine neue Schere?«, »Komm, deine Haare flechte ich noch einmal neu.«, »Reich mir bitte den Permanentstift. Die Frühstücksdose muss ich neu beschriften.«
Küssen, Schmusen, Streicheln. Alle fünf kuscheln sich zu mir aufs weiße Sofa, klettern auf mir herum, während die älteren Grundschüler kommen.

7:15 Uhr

Die Zeit rast. Drei meiner erwachsenen Töchter helfen mir dabei, den Tag zu bewältigen. Sie fahren die Kinder, organisieren das Abholen von der Schule, beteiligen sich bei den Hausaufgaben. Zur ersten Tochter: »Schau mal, hier ist die Brille wieder verbogen. Bitte nimm sie nachher mit zum Optiker.«

Zur zweiten Tochter: »Hol bitte eine neue Jacke.«

Zur dritten Tochter: »Hast du genügend Benzin für die Fahrt zur Schule? Nimm dir Geld und tanke.«

7:20 Uhr

Die Zeit rast noch schneller. Ich bete mit den neun Grundschulkindern, die abfahrtbereit sind und umarme sie. Zögernd lösen sich die Erstklässler von meinem Schoß. Zu den Viertklässlern gewandt: »Bitte vertrag dich mit deinem Tischnachbarn.«, »Hast du deine Fußballschuhe dabei?«, »Wann wolltest du zum Geburtstag deines Freundes?«, »Schau, hier ist ein neues Haargummi für dich.«, »Gott behüte euch.«, »Ich habe euch ganz doll lieb.«

7:30 Uhr

Eines der älteren Mädchen muss nach Brühl zur Schule und will auch noch eine Unterschrift. »Schnell, gib mir Heft und Stift.« Ich winke. Uff, auch das wäre pünktlich geschafft.

7:35 Uhr

Jetzt kommt das behinderte Kind. »Das hast du aber gut gemacht, dass du dich selbst angezogen hast. Hier noch die Knöpfe richtig zumachen. Und noch die Schuhe binden. Fein. Den Mund wischen wir auch noch sauber. Gott segne dich, mein Schatz.«

8:00 Uhr

Uff, wieder ist ein Kind versorgt.

8:10 Uhr:

Die beiden Mädchen mit späterem Schulbeginn erscheinen. Wollen nach der Schule in die Stadt. O. K. Sie bekommen das für sie verwahrte Taschengeld. »Lasst euch nicht bestehlen.«, »Es sieht nach Regen aus, nehmt Jacke oder Schirm mit.«

8:20 Uhr

Das Haus leert sich weiter. Für einen Arzttermin suche ich Papiere heraus. Der Vater braucht sie, weil er mit einem Kind noch zum Arzt geht.

8.40 Uhr.

Es ist Ruhe eingekehrt. Mir wird das Frühstück serviert. Nach drei Stunden mit intensivem Einsatz tun mir zwanzig Minuten Pause und die Zeitungslektüre gut.

9.00 Uhr

Ich setze mich an meinen Schreibtisch und arbeite während der vier nächsten Stunden konzentriert. Konzentriert heißt natürlich nicht, dass nicht trotzdem ein Enkelchen im Raum herumkrabbeln und mich zwischendurch brauchen würde. Christine, die Mutter, ist Heilpädagogin und unterstützt mich bei der Arbeit mit den Kindern. Zur Zeit führt sie mit einem schwerbehinderten Mädchen im Nebenhaus eine psychomotorische Fördereinheit durch. Wenn diese später beendet ist, holt sie ihre kleine Tochter bei mir ab, und ich habe wirklich für eine Weile Ruhe. Wenn man von den sieben Telefonanrufen absieht, die ich mit halbem Ohr via Anrufbeantworter mitbekomme. Bei zwei Telefonaten schalte ich mich ein, die übrigen lasse ich erst einmal sprechen. Dann schicke ich eine Tochter zur Bank. Ich fülle zwischendurch noch einige Überweisungen aus. Mir fehlt dafür stets die Zeit, weil die Kinder natürlich immer Vorrang haben. Ich bin keine Buchhalterin. Doch manchmal werden die unwesentlichen Dinge wesentlich, wenn sie zu lange liegen bleiben. Eine meiner erwachsenen Töchter mahnt mich: »Hier, diese beiden Briefe musst du sofort beantworten.« Sie hat Recht. Die Haushälterin nimmt Geld entgegen. Sie ist ein Genie, da sie alles kann. Ich drücke sie ganz fest, weil sie eine tolle Frau ist. Ich habe sie sehr gern.

13:00 Uhr

Die ersten Kinder kommen aus der Schule.

»Wie war der Vormittag?«. »Schade, dass es mit der Arbeit nicht geklappt hat.«, »Deine Fahrkarte ist weg? Nun, dann müssen wir sehen, dass wir eine neue bestellen. Schon schlimm, denn es ist die dritte in diesem Jahr, die wir bezahlen müssen.«, »Fein, dass du dich für ein Referat gemeldet hast.«

Eine Tochter kommt bedrückt zu mir: »Hat dich wieder deine Banknachbarin geärgert? Hör nicht auf sie. Sie weiß es nicht besser, weil sie daheim so viel Zank mitbekommt. Sie erzählt es dir doch fast täglich.«, »Jetzt lasst euch erst einmal das Essen schmecken. Papa hat gut gekocht.« »Was wir nachher machen? Das überlegen wir mit den anderen Kindern zusammen.« Kind auf Kind trifft ein. Die große Tochter holt einige mit dem Bus ab. Ich schaue die Schulaufgaben an, gebe Anleitungen, höre zu. Tröste. Berate. Gebe Tipps für die weitere Beschäftigung und bin für die Kinder da.

15:45 Uhr

Ich mache eine halbe Stunde Pause, esse (Mittag- und Abendessen, für drei Mahlzeiten am Tag habe ich keine Zeit).

16.20 Uhr

Ich packe den Bus voll mit Kindern und fahre in den nahe liegenden Stadtwald. Ich war immer unsportlich, kann mich wenig für Sport begeistern, finde ihn aber für meine eigenen Kinder sehr sinnvoll. Ich will ein gutes Beispiel sein, und sie freuen sich, dass sie beim Laufen alle schneller sind als ich. »Macht nichts, Mama«, tröstet mich ein Kleiner, »du kannst ja nicht mehr so schnell, weil du doch schon ein bisschen dick geworden bist.« Charmant, aber wahr. Mit 60 zeigt das Alter Spuren. Die Kinder machen Wettspiele. Ich sporne sie an. Einige Kinder suchen Eicheln für die Rehe, die wir im Winter füttern. Andere sammeln Blätter für den Sachkundeunterricht. Ich erkläre hier, lobe da, höre zu, ergänze. Auf dem Heimweg im Auto bringe ich den Kindern das Herbstlied »Bunt sind schon die Wälder« bei.

17.20 Uhr

Wieder daheim habe ich 5 Minuten zum Duschen. Nach dem Laufen ist mir das wichtig: 30 Sekunden ausziehen, 30 Sekunden einseifen, 1 ½ Minuten duschen, 1 Minute anziehen, 1 ½ Minuten zum Kämmen und Schminken – massig viel Zeit für mich.

17:25 Uhr

Die Kinder haben sich gewaschen, etwas getrunken und stehen in meinem Zimmer. Jetzt ist Lesen mit den Kleinen angesagt. »Toll, das klappt sehr gut. Ihr seid die wunderbarsten Kinder der Welt.«

17:55 Uhr

Ich schaue in einen Raum, der von einer Tochter, die Pädagogin ist, vorbereitet wurde. Sie hat Leinwand, Tapetenrollen, Scheren, diverse Farben, Pinsel, Wasserbehälter und Wischtücher für uns gerichtet, so dass ich mit den interessierten Kindern gleich loslegen kann. Wir machen eine Collage und führen ein bereits begonnenes Projekt zu Ende. Die Tochter selbst leitet in einem der anderen Häuser vier Kinder beim textilen Arbeiten an. Ein Junge will einen Schal für seinen Teddy weben, ein Mädchen will eine Puppenmütze häkeln und ein weiteres will ein auf Tuch gemaltes Gesicht gestalten. Ihr Vater ist mit einigen Kindern zum Fußballspielen an der Erftwiese.

18:30 Uhr

Wir haben uns eine Choreografie ausgedacht, mit dem Inhalt »Aus Dunkelheit, Krankheit, Leid, Schmerz aufbrechen zum Licht hin – Überwindung der Dunkelheit durch Solidarität, Zuwendung, Bewegung, Auferstehen«. Die Kinder tanzen konzentriert, haben Spaß, sind stolz auf das Geleistete. Am nächsten Tag treten sie damit bei einer Performance in Köln auf.

19:20 Uhr

Ich singe, bete und schmuse mit den Kindern, entlasse sie ins Haupthaus, weil ich noch weg muss.

19:35 Uhr

Während das Abendessen vorbereitet wird, werden die kleineren Kinder von meinen großen Töchtern gebadet und bettfertig gemacht. Ich fahre zu meinem Vater. Meine Schwester und ich möchten die Zeit nutzen, die uns mit ihm noch verbleibt. Ich höre den Berichten aus seinem Alltag zu.

21:20 Uhr

Ich bin wieder zurück. Es gibt Gespräche mit einigen der größeren Kinder. Eine Tochter ist ohne Absprache viel zu lang bei einer Freundin geblieben. Das kann ich nicht akzeptieren. Ich melde mich auch an und ab. Es muss klar sein, wo sich jeder befindet.

22.00 Uhr

Ich setze mich noch an den Schreibtisch und arbeite etwas aus, das ich anlässlich der morgigen Vernissage und Performance in Köln vortragen werde.

23.15 Uh.

Checken der E-Mails.

23.30 Uhr

Schluss für heute. Ich mache mich bettfertig.

23. 45 Uhr

Ich lese noch ein wenig und mache um 0 Uhr das Licht aus.

Freitag

Früh bis 9.00 Uhr ähnlicher Einsatz wie Donnerstag.

Ab 9.00 Uhr jedoch keine Schreibtischarbeit. Liserons Fachleiterin kommt, um die Studierende bei einer Fördereinheit mit einer beeinträchtigten Schwester zu begutachten, während ich meine Beobachtungen protokolliere und Stichpunkte für Analyse, Kritik und Verbesserungsvorschläge festhalte. Christine ist mit ihrer Tochter zum Impfen und holt anschließend eines meiner Kinder ab, das einen Schulunfall hatte. Um 12:30 Uhr trudeln die Kinder ein und machen sich schnell fertig, weil wir nach Köln zu der Veranstaltung fahren müssen. Es dauert etwas, bis alle im Bus sitzen. Wir kommen in einen Stau, ich werde kribbelig. So etwas kann ich nicht brauchen! Als wir am Ziel sind, macht die Parkplatzsuche Mühe. Mein Puls rast, weil ich zehn Minuten Verspätung habe. Zum Glück konnte auch Bürgermeisterin Scho-Antwerpes zur Eröffnungsrede nicht pünktlich sein, so dass den Kindern noch Zeit für eine schnelle Suppe in einem benachbarten Restaurant bleibt. Schließlich hören wir den Eröffnungsvortrag, die Künstlerin spricht ebenfalls, und dann halte ich eine kleine Rede. Für die Tanzperformance und das von uns gestaltetete überreichte Bild erhalten die Kinder viel Applaus. Sie sind stolz und froh.

Um 17.15 Uhr fahre ich los und kämpfe mich wieder durch die Kölner Innenstadt. Die Kinder sind ausgelassen, wir singen zusammen während der Fahrt. Immer wieder werfe ich einen Blick auf meine Uhr. Meine Lieben erhalten das von mir versprochene Eis und werden daheim in die Hände der Töchter übergeben. Ich steige in den PKW um und habe 15 Minuten Verspätung, als ich meinen ältesten Sohn in dessen Wohnung abhole sowie meinen Vater in Rheinbach. Er freut sich auf ein großes Dinner in Bad Neuenahr. Wieder fahre ich mit heißen Reifen. Zum Glück kommen wir nur geringfügig später als vorgesehen an. Man kennt uns. Reden nach links, reden nach rechts. Ich zeige mich nach wie vor entspannt, obwohl meine Erschöpfung zunimmt. Um 23 Uhr geht es schließlich heimwärts und gegen ein Uhr kann ich dann ins Bett.

Endlich das Wochenende

Wie wunderbar, etwas länger schlafen zu können. Ich sehe gegen acht Uhr zwar graue Wolken, werde aber von einem kleinen Glücksgefühl erfüllt, denn heute ist ein fauler Tag. Heute gibt es keine Termine. Ich frühstücke in aller Ruhe gemeinsam mit den Kindern und bespreche gegen neun Uhr den Tagesablauf mit ihnen. Meine zwölf jüngsten Kinder wollen mit mir in die City fahren und einen Stadtbummel machen. Acht Kinder wollen Ohrlöcher und Ohrringe haben und brechen in Jubel aus, als ich endlich ihrem Wunsch zustimme. Als Akupunkteurin mit dem Wissen um die Bedeutung von Akupunkturpunkten am Ohr hatte ich immer große Vorbehalte, aber da die Kinder den Wunsch monatelang wiederholten, habe ich nachgegeben. Vier Kinder wollen in der Stadt in Buchhandlungen stöbern und sehen, ob sie (als Alternative zu den von mir spendierten Ohrringen) dort oder in anderen Geschäften etwas finden, das sie kaufen möchten.

Die älteren Kinder möchten – wie einmal in der Woche üblich – ihre Lieblingsspeisen aus ihren Heimatländern kochen. Ich bin einverstanden. Die fünf Kleinen wollen mit mir zusammen backen. Auch dem stimme ich zu. Bevor ich mit meinen zwölf Stadtbummlern losfahren kann, muss ich noch einiges erledigen: Ich verteile einige Aufgaben an die Haushaltshilfen, stelle je nach Interesse Koch- und Backgruppen zusammen und teile ihnen eine unserer fünf Küchen zu.

Während die Gruppen die Zutatenlisten schreiben, schaue ich meine E-Mails durch und beantworte gleich zwei der Anfragen. Dann sammle ich die Zutatenlisten der Kindergruppen ein, die kochen wollen, bespreche den Großeinkauf mit meinem Einkaufsteam, ergänze die von den Kindern gewünschten Produkte, sorge dafür, dass in meinem Bus genügend Einkaufswannen sind, und übergebe Schlüssel, Zulassung und einen größeren Geldbetrag. Das Einkaufsteam zieht ab. Die Kinder, die zu Hause bleiben, sollen unter der Aufsicht einer erwachsenen Tochter ihre Schulsachen ordnen, Lernstoff nacharbeiten oder ergänzen.

Wir bummeln durch die Stadt

Um elf Uhr kann ich endlich mit den zwölf Jüngsten losfahren. Weil ich uns im Schmuckgeschäft angemeldet habe, kommen wir sofort an die Reihe, können Ohrringe aussuchen und die Löcher stechen lassen. Die acht Kinder, deren Wunsch es war, zeigen sich tapfer und bewundern im Spiegel ihr neues Aussehen. Sie strahlen, und ich freue mich, sie so glücklich zu sehen. Die beiden Großen – zwölf Jahre alt – möchten sich allein in der Stadt umsehen. Kein Problem. Sie sind zuverlässig und werden pünktlich am vereinbarten Treffpunkt erscheinen. Mit den übrigen zehn Kindern bummle ich und jedes findet etwas. Ein Kind wählt ein Auto, ein anderes Spiderman-Handschuhe, ein weiteres entscheidet sich für eine Schmuckdose mit Haargummis, und das vierte Kind möchte metallene Stifte zum Malen. Wir bekommen für jedes Kind – auch für die beiden Alleingänger – ein Döschen mit kleinen Badeseifenblümchen geschenkt, weil, so vernehme ich gerne: »Ihre Kinder nichts anfassen, nicht herumrennen und sich höflich benehmen.« Ich freue mich darüber, die Kinder rufen ein lautes Dankeschön, und wir ziehen weiter. In einer Apotheke erstehen wir für die drei Enkeltöchterchen Schnabeltassen. Wieder gibt es ein Lob wegen meiner netten und sich gut verhaltenden Kinder, sie bekommen Traubenzuckerbonbons und strahlen.

Drei Buchhandlungen in Euskirchen werden bei jedem Stadtbummel von uns aufgesucht. Meine Kinder dürfen sich immer ein neues Buch aussuchen, wenn sie das bisherige ausgelesen haben. Sie lieben das Stöbern in den Regalen und sie mögen es auch, mit mir auf Kindertrödelmärkten nach lesenswerten und gut erhaltenen Büchern ausgiebig zu suchen. Wir werden stets fündig. Im ersten Laden finden zwei Kinder gleich etwas Lesenswertes für sich. Im zweiten Geschäft hören wir, dass man uns wieder einmal im Fernsehen gesehen hatte und schick angezogen fand. Im dritten Geschäft suchen wir uns weitere Bücher aus. Auch dort kennt man uns bestens. Allen Kindern werden gelbe Marker geschenkt. Ich habe gleich eine Idee, wie sie diese in den folgenden Tagen einsetzen können, nämlich durch Kontrastmalerei (gelb-schwarz, gelb-orange) auf Blumenschablonen. Die Solo-Bummler treffen wir vereinbarungsgemäß pünktlich am Eissalon. Auch dort kennt man uns. Die Kinder wählen mit Bedacht ihre Lieblingseissorten, die nette Verkäuferin rundet ab. Die Stimmung ist prächtig. So ein fauler Tag bringt angenehme Überraschungen.

Jedes Kind kommt auf seine Kosten

Als wir kurz vor vierzehn Uhr wieder daheim sind, treffen auch die Großeinkäufer ein. Der Wagen ist proppenvoll. Gemeinsam werden all die vielen Wannen ausgeräumt, die Sachen kommen in den Vorratsraum oder in Tiefkühltruhen. Dann werden Zutaten für die Koch- und Backgruppen verteilt. Ich gebe dem Verantwortlichen der jeweiligen Gruppe noch diverse gute Ratschläge und entlasse die Kinder, damit sie anfangen können zu kochen. Dies ist mit viel Matscherei und Unordnung in den jeweiligen Küchen verbunden, aber einmal in der Woche nehme ich das hin, denn die Kinder sollen ihren Bedürfnissen nachkommen können und gleichzeitig bestärkt werden in selbstständigem Tun. Mit den fünf Jüngsten backe ich dann aus gelbem und blauem Kuchenteig Löwenköpfe. Hin und wieder gibt es ein kleines Gerangel um Küchenrolle, Backpapier oder sonst etwas, aber die Aktion verläuft friedlich und zufriedenstellend. Die Kinder haben viel Spaß. Gegen halb vier ist alles im Backofen. Die Backzeit nutze ich, um mit den Kleinen und zwei anderen Kindern auf den Platten vor dem Haus mit einer Wasserweitspritze zu spielen. Die Spritze stammt aus meinem Heilpraktikerbestand, und jedes Kind nutzt sie voller Inbrunst und Vergnügen. Der Sieger bekommt Applaus. Anschließend setze ich mich mit den Kindern zusammen, zünde eine Kerze an und höre gemeinsam mit ihnen eine CD mit Texten über Mozart und seine Musik.

Kurz danach ein Aufschrei: In einer der Haustüren ist der Schlüssel abgebrochen. Jemand läuft zum netten Nachbarn. Winfried ist ein tüchtiger Handwerker und kann alles, was wir nicht können. Nach wenigen Minuten ist der Schaden behoben. Nun essen die ersten Gruppen das, was sie gekocht haben: Einige Kinder haben sich für *Injera* entschieden, einen in Äthiopien beliebten sauren Fladenbrotteig, der mit Eintöpfen serviert wird – sogenannten *Wots*. Es gibt dazu noch *Doro* – Huhn. Die Kinder haben amharische Musik aufgelegt und essen, ganz landestypisch, mit der rechten Hand von einer großen Platte. Sie sitzen im Schneidersitz gemütlich auf dem Boden, plaudern, lachen, verstehen sich. Ein Zwölfjähriger geht mit seinem Marzipansahnekuchen zu Geschwistern und lässt sie kosten. Eine Kindergruppe genießt *Papadam* mit scharfen Currys – eine indische beziehungsweise srilankische Spezialität. Die Kinder einer anderen Gruppe genießen eine selbst gemachte Pizza. Für diejenigen, die nicht kochen wollten, hat mein Mann etwas zubereitet: Spiegelei mit Reibekuchen und Apfelmus. Da die Kinder wieder Bewegung brauchen, es jedoch stark regnet, können sie im Spielzimmer bei Verdunkelung, blinkenden bunten Scheinwerfern und lauter Musik »abrocken«. Tanzmuffel können, mit Hilfe einer großen Schwester, etwas basteln. Andere der älteren Kinder wollen noch mit Nachbarskindern zusammen sein. So sind alle Großen und Kleinen zufrieden.

Endlich Zeit für mich

Ich gehe an den Schreibtisch. Wie schön, dort arbeiten zu können. Es ist für mich ein purer Genuss, nicht gestört zu werden. Obwohl ich meine Kinder innigst liebe, genieße ich auch die Zeit ohne sie – sei es eine begrenzte Weile zwischendurch daheim oder einige Tage bei Vortragsreisen oder den Trips, die für meine sozialen Projekte erforderlich sind. Gegen halb acht Uhr erscheinen die Jüngsten wieder bei mir – fertig fürs Zubettgehen. Ich singe mit den Kindern das Abendlied, schmuse mit ihnen und wünsche ihnen eine gute Nacht. Kurz nach acht sitze ich wieder am Schreibtisch und arbeite mit Muße an meinem Buch. Ungestörte Ruhe … Kurz vor Mitternacht nehme ich meine zweite Tagesmahlzeit ein, lese etwas, höre Musik und gehe kurz nach zwölf ins Bett. Es war ein geruhsamer Tag.

Ein »fauler« Sonntag

Wieder erwartet mich ein fauler Tag. Nach erholsamem Schlaf gehe ich ins Bad und frühstücke in Ruhe. Um neun Uhr kommen die zwölf jüngsten Kinder in mein Arbeitszimmer. Sie dürfen ein Tiervideo anschauen, während ich am Computer arbeite. So kann ich mit einem Ohr und einem Auge verfolgen, welche Informationen auf die Kinder einströmen. Ich kann mich einschalten, darauf eingehen und spätere Förderprogramme darauf aufbauen. Um zehn Uhr schaue ich, ob alle Großen und Kleinen für den Kirchgang fertig und angemessen gekleidet sind. Die Messdiener melden sich. Der Vater geht mit den Kindern zu Fuß. Ich komme mit unserem Auto nach. Eine der Großen bleibt bei unserem schwerbehinderten Familienmitglied zurück. Nach dem Gottesdienst machen wir einen Ausflug, mit Bus und PKWs. Das Enkeltöchterchen Hannah mit seinen Eltern ist auch dabei. Das Anwesen bleibt fast leer zurück, so dass sich nun der Vater der Großfamilie über die Ruhe freut und das Sonntagsessen zubereitet.

Wir besuchen ein Museum für Badekultur, unterhalten uns über das Leben der Römer und beschließen, demnächst einmal nach Trier zu fahren, um den Spuren der Römer zu folgen. Am Nachmittag kommen wir zurück, und die Großfamilie speist. Dann geht der Vater mit den Kindern in die Natur, während ich weiter arbeite, gemütlich bei Musik und Räucherkerzen. Um achtzehn Uhr steht ein kurzes Beratungsgespräch an. Der Betreffende hatte während der Woche dafür keine Zeit. Ich bin flexibel, denn das ist wichtige Nächstenliebe: Da sein auch für Menschen außerhalb meiner Familie, wenn es nötig ist. Um neunzehn Uhr telefoniere ich mit meinem eigenen Vater. Sascha, mein Erstgeborener, und Immanuel, mein Zweitgeborener, hatten ihren Opa besucht. Ich sage meinem Vater, dass ich ihn liebe. Das ist mir wichtig, und ich möchte, dass er es jeden Tag erneut hört, ebenso, dass meine Kinder es von mir hören. Gegen halb acht spiele ich mit den Kindern noch Karten, rede und singe mit ihnen, umarme und küsse sie. Dann wünsche ich ihnen eine gesegnete Nacht. Kurz nach zwanzig Uhr mache ich es mir ohne jede Arbeit gemütlich und genieße den Ausklang des schönen, faulen Sonntags.

Meine Wertvorstellungen und Erziehungsziele

Die Kinder lernen, sich mit ihrem Schicksal auszusöhnen und finden ihre persönlichen Ziele. Sie wachsen durch Herausforderungen. Die traurige Geschichte von David, der vom Himmel fiel.

Kulturen verschiedener Welten verbinden

Meine Wertvorstellung entspricht in weiten Teilen derjenigen unserer Gesellschaft und liegt vor allem auch im christlichen Bereich. Wobei die menschliche Weiterentwicklung eines jeden Individuums an sich mein Globalziel ist. Ich bin davon überzeugt, dass der Mensch ein Kulturwesen ist im doppelten Sinn. Zum einen wächst er in eine bestimmte Kultur hinein und ist auch Erzeugnis einer Kultur. Zum anderen gestaltet er die Welt durch planendes und schöpferisches Handeln und erzeugt Kultur. Dazu will ich die Kinder befähigen. Einerseits soll jedes Kind lernen, in unserer Kultur zu leben, das heißt, es muss sich Kulturtechniken aneignen, wie schreiben, rechnen, lesen, musizieren, PC bedienen oder schwimmen. Außerdem sollen die Kinder geltende Normen beachten und Wertebewusstsein entfalten. Andererseits ist es mir ganz wichtig, dass meine Kinder ihren Talenten und Ressourcen entsprechend Verantwortung übernehmen, fehlerhafte gesellschaftliche Entwicklungen erkennen, kulturelle Verhältnisse verändern und neue Kultur schaffen.

Für den emotionalen Bereich strebe ich an, dass die Kinder sich wertschätzen, auf ihre Gesundheit und Bedürfnisse achten, dass sie sich den Mitmenschen selbstbewusst präsentieren, den Nächsten und die Gemeinschaft wertschätzen und deren Bedürfnisse berücksichtigen. Es ist mir wichtig, dass sie sich auch kritisch und engagiert verhalten, nach Gerechtigkeit streben und sich auch aktiv dafür einsetzen, dass sie Zivilcourage zeigen, Durchhaltevermögen, Selbstdisziplin und Ausdauer entwickeln. Ich strebe an, dass sie für eine gerechte und sinnvolle

Sache kämpfen, Ungerechtigkeit ertragen und trotzdem dagegen vorgehen und dass sie sich mit dem eigenen Schicksal aussöhnen und sich selbst akzeptieren. Auch möchte ich, dass sie die Schöpfung achten. Ich wünsche mir, dass sie kreativ, sensibel, liebes- und genussfähig werden und den Alltag mit Eltern Geschwistern, Freunden, Schulkameraden gewinnbringend, emotional stärkend, Kraft und Geborgenheit spendend erleben. Ich möchte ihnen die Bereiche Kunst, Literatur, Theater, Musik und Tanz erschließen. Auch sollen die Kinder zu sinnlicher Wahrnehmung befähigt werden und sich freuen können.

Sinnlichkeit und Freude im Alltag

Insbesondere hierauf will ich näher eingehen. Denn hinter jedem Erziehungsziel steht eine Fülle von Überlegungen. Als Lehrerin habe ich dreimal den Tod von Schülern erleben müssen, und zwei von mir aufgenommene schwerstbehinderte Kinder starben früh. Deshalb ist es mir ein Anliegen, dass die Kinder auch das Hier und Jetzt genießen, und ich plane deshalb nicht ausschließlich eine möglicherweise nicht erreichbare Zukunft. Vehement versuche ich, durch Beratungen und mit Vorträgen Eltern davon abzubringen, ihre Kinder durch einen Schultyp zu boxen, der diese überfordert. Kinder brauchen genügend Zeit für Spiel, Lust und Freude. Ich habe es mir zum Lebensprinzip gemacht, mich jeden Tag zu fragen, womit ich meinen Kindern Lust und Lebensfreude vermitteln oder schenken kann.

Die Geschichte von David

Wann immer ich einen mit Gas gefüllten Luftballon sehe, empfinde ich Wärme und Dankbarkeit. Der Grund dafür ist David. Dieser Junge fiel im Jahr 1997 buchstäblich aus den Wolken auf mich herab. Vor über 20 Jahren hatte ich mich bereit erklärt, ein kriegsversehrtes Kind zusammen mit seiner Mutter aus einem Bürgerkriegsgebiet unentgeltlich und vorübergehend bei mir aufzunehmen. Denn ich wollte einem Kind medizinische Versorgung in einer nahe gelegenen Uniklinik zukommen lassen und dessen Mutter bei uns ein wenig Geborgenheit, Halt und Hilfe geben. Obwohl sich 1994 der Staat Bosnien-Herzegowina nach dem Zusammenbruch Jugoslawiens und einem mehrere Jahre dauernden Bürgerkrieg gebildet hatte, setzten sich die kriegerischen Auseinandersetzungen fort. Erst 1995 hatte der Krieg ein Ende gefunden, als Serbien seine Ansprüche auf bosnisches Gebiet aufgegeben hatte. Doch lag im Land noch vieles brach, und die Not war groß.

Mit einer Reaktion auf mein so lang zurückliegendes humanitäres Angebot hatte ich eigentlich gar nicht mehr gerechnet. Umso erschrockener reagierte ich auf einen Anrufer, der mich bat, sofort zum Flughafen nach Münster zu kommen, weil mein zuvor gemachtes Angebot nun angenommen worden sei. Dort eingetroffen, reagierte ich vollkommen entsetzt: Vor mir lag ein spindeldürrer Junge im Vorschulalter in einer Babytragetasche – kleinwüchsig, mit verkrümmten Gliedern. Durch einen Hilfstransport war der Junge nach Münster geflogen worden. Er war voller Hämatome, unterernährt, ungepflegt, ungeliebt. Er hatte keine Eltern mehr. Obwohl der Junge fast sechs Jahre alt war, hatte er eine Größe von nur 75 cm. Er schien jedoch nicht kriegsversehrt, aber geistig beeinträchtigt und traumatisiert zu sein. Seine verbogenen Arme und Beine ließen sich nicht in eine andere Position bringen. Er konnte weder laufen noch stehen, weder sitzen noch greifen. Er war nicht in der Lage, seinen Kopf aufrecht zu halten, zu sprechen, zu kauen und feste Nahrung zu sich zu nehmen. Sein Gesicht war versteinert. Das Kind schien vom Tod gezeichnet. Ich zögerte, weil ich deswegen keine Probleme haben wollte. Was sollte ich bloß machen? Während ich Zwiesprache mit Gott hielt, schaute mich der kleine Junge unverwandt an. Schließlich wurde ich in meinem Gespräch mit Gott ruhiger und rang mich zu einem gedanklichen »Mir geschehe nach Deinem Willen« durch. Immer noch unter Schock stehend, nahm ich die Papiere der Organisation in Empfang und machte mich mit dem kleinen Jungen in der kaputten, verschmutzten Babytragetasche auf den Heimweg. Abends kamen unsere Kinderärztin und der Pfarrer zu mir nach Hause, weil wir unter dem Segen Gottes unser Bestes für das Kind geben wollten, das ich David nannte. Die Ärztin legte eine Magensonde, durch die der Junge alle zwei Stunden Flüssignahrung bekommen konnte. Sie besuchte ihn nun täglich, unentgeltlich, denn er war ja nicht krankenversichert. Und alle erwachsenen Familienmitglieder beteiligten sich an seiner Rundumpflege.

David wird rund um die Uhr gepflegt

Nun aber zurück zur Sinnlichkeit und Freude im Alltag: Davids Erfahrensraum war wegen der erwähnten starken Beeinträchtigungen natürlich klein. Trotzdem bemühten wir uns sehr, ihm auf alle mögliche Weise Schönes zu vermitteln: Wenn wir ihn windelten, ölten wir ihn häufig mit wohlriechenden Düften ein, wir massierten seine dünnen kalten Arme und Beine, legten ihn in eine Wanne mit warmem Wasser und ließen Badekugeln darin sprudeln. Wir streichelten ihn, wenn wir ihn umbetteten, zündeten Räucherstäbchen für ihn an und gaben duftende Essenzen auf seinen Hals und seine Ohrläppchen, damit er den Duft genießen konnte. Vor allem legten wir ihn tagsüber auf ein großes Kissen und immer dort auf einen Tisch, wo es etwas zu sehen gab: In die Küche, wenn wir dort etwas kochten oder aßen, ins Wohnzimmer, wenn wir beisammen saßen und vorlasen, in die vielen Kinderzimmer, wenn dort gespielt wurde, auf die Tischtennisplatte im Garten, wenn die wärmende Sonne darauf schien und andere Nachlaufen spielten. David wurde zum Mittelpunkt der Familie. Seine Augen begannen uns zu folgen, wenn wir ihm etwas zeigten. Er freute sich, wenn wir – was häufig geschah – unseren Familienhund Lassie zu ihm führten, seine Hand in dessen weiches Fell legten und ihm den aufgenommenen Film »Ein Hund namens Beethoven« zeigten. Das mochte David sehr. Wir brachten ihm Blumen, und er schnupperte daran. Sein Kopf bewegte sich etwas, wenn wir für ihn sangen oder musizierten. Seine Zunge leckte, wenn wir ihm sehr weiche Schokolade hinhielten. David zappelte mit seinen Fingern, wenn wir ihn auf den Arm nahmen. Er reagierte auf die warme Luft aus dem Föhn und kuschelte sich an Wärmflaschen. Im Laufe der Zeit merkte David, dass er für uns wichtig war. Er veränderte sich: In sein blasses, versteinertes Gesicht kam Leben. David hielt still, wenn ihm etwas guttat. Hin und wieder rann lautlos eine Träne über seine Wangen, wenn er sich unwohl fühlte. Seine Mundwinkel hoben sich, wenn wir auf ihn zukamen, und wenn wir ihn kitzelten, dann lächelte er deutlich.

Die Adoption wird erwogen

In der Familie sprachen wir über seine Adoption. Dann kam der Tag, an dem wir in unserer Familie Erstkommunion feierten. Wir hatten den Saal des Pfarrheims gemietet, um unseren Kommunionkindern und den vielen Gästen genügend Platz für Tanz, Musik, Buffet, Spiel und Unterhaltung bieten zu können. Wie immer wurde David auf seinem Kissen auf einen Tisch in die Mitte des Raumes platziert. Ich hatte ihm einen mit Gas gefüllten Luftballon an sein Handgelenk gebunden, und wenn sich die Tür des Pfarrheimes öffnete, bewegte sich der Ballon und tanzte im Luftzug hin und her. Das schien David besondere Freude zu machen, zum ersten Mal hörten wir ihn glucksend lachen. Wir waren überrascht und berührt. Auch unsere Kinderärztin war als Gast da. Sie trat mit mir näher an David heran, betrachtete ihn und meinte zu mir gewandt: »Ich glaube, dass dieses Kind leben wird.« Alle Großen und Kleinen hatten auf dem Fest ihre Freude, vor allem jedoch David, der im Mittelpunkt stand, ohne selbst ein Kommunionkind zu sein.

Als der Tag sich geneigt hatte und alle Kinder im Bett waren, gab ich David die gewohnte Sondernahrung, blieb ein wenig länger bei ihm knien, blickte liebevoll in seine großen blauen Augen und streichelte seine Wangen. Alles war gut – der Tag und das Kind, das ich zu lieben gelernt hatte. Ich schlief beruhigt ein. Andere taten nun ihren Dienst an David. Als gegen Ende der Nacht ich selbst wieder an der Reihe war, fand ich David eingeschlafen vor. Er hatte seine ewige Ruhe gefunden. Still, wie er gekommen, war er wieder gegangen. Dieses Mal für immer. Kurz vor seinem sechsten Geburtstag hatte er sein irdisches Leben beendet. In Gedanken versunken, blieb ich bis zum Morgen bei ihm und sagte auch unseren glücklichen Kommunionkindern noch nichts, als wir uns zur Dankmesse aufmachten. Ich hatte David im Wohnzimmer aufgebettet, neben einem Blumenstrauß und einem Licht. Bei der Rückkehr aus der Kirche führte ich alle Familienmitglieder zu ihm hin. Wir streichelten David, wir weinten. Aber wir waren auch dankbar. Wir waren froh, denn David, dieses Kind ohne Eltern, war zu uns gekommen, um ein wenig genussvoll zu leben und Freude zu haben. Er hatte uns viel abverlangt und demütig gemacht, uns aber auch eine Botschaft gebracht: Über allem steht die Liebe, die Zärtlichkeit, die Sinnlichkeit, die Wärme, die

Freude. Wir hatten David unsere Liebe geben dürfen, und er hatte sich wohlgefühlt mit allen sinnlichen Genüssen und aller Freude, die wir ihm bereiten konnten. Der tanzende Luftballon machte ihm Freude, und wann immer ich einen solchen Ballon sehe, dann fliegt mein Herz zu David – wo immer er jetzt auch ist: Er lebt.

Die Kinder sollen sowohl die deutsche Kultur wie auch die Kultur und Religion ihres Herkunftslandes kennenlernen und etwas über die unterschiedlichen Rollen von Lehrern, Arbeitern, Künstlern, Politikern und anderen mehr erfahren. Mir ist wichtig, dass sie das Leben unterschiedlicher Standorte verstehen. Wenn sie begreifen, was Menschen bewegt und warum sie in einer bestimmten Weise handeln, kann das Zusammenleben friedlicher und beglückender werden. Meine Tochter Liseron, von der schon die Rede war, ist sehr aufgeschlossen und an vielem interessiert. Von klein auf hat sie viele Fragen gestellt und wollte wissen, wie die Lebensbedingungen in anderen Ländern sind. Aus diesem Grund habe ich sie auf mehrere Reisen mitgenommen. Sie hat mit mir ihren Geburtsort in Sri Lanka besucht und etwas über die Lebensbedingungen von Singhalesen und Tamilen erfahren. Sie war mit mir in Thailand und hat Einblick genommen in die Bedingungen junger Mädchen, die der Prostitution nachgehen. Sie reiste mit mir in Kambodscha über Straßen, die mit Minen durchsetzt waren, sah die Knochen der vielen Getöteten des Pol-Pot-Regimes auf den sogenannten »Killing Fields«, und sie sah die Folterstätten und die Folterinstrumente. Da ich mich mit anderen Wissenschaftlern traf, um über die Möglichkeit des Aufbaus einer Trauma-Klinik für die Gefolterten zu sprechen, lernte Liseron die verschiedenen Pläne und auch Grenzen für deren Realisierung kennen. Auf einer anderen Reise nach Nairobi erkannte sie einerseits den Lebensstandard einiger Wohlhabender, nahm aber auch am Leben von Slumbewohnern teil und erfuhr den gravierenden Mangel an Wasser, Nahrung, Strom. In Kolumbien erfuhr sie etwas über die Verstrickung von Drogen und Politik, auf Inseln vor Panama lernte sie Indianer kennen, die sich um Eigenständigkeit und gleichzeitig Annäherung an die Zivilisation bemühen. In New York erfuhr sie etwas über die Massierung von Gewalt in sozialen Brennpunkten. Bei einem Aufenthalt sowohl in Mexiko wie in Kalifornien konnte sie die Probleme illegaler Einwanderer kennenlernen. In Norwegen, Schweden, England, Ägypten, der Schweiz, den Niederlanden, Belgien, Frankreich, Spanien, der Türkei, Portugal oder Dänemark erfuhr sie, wie Menschen sich den jeweiligen geografischen, finanziellen und sozialen Bedingungen anpassen, diese für sich nutzen und ausbauen.

Liseron schafft es, ihre Erkenntnisse für den Alltag nutzbar zu machen. Sie ist sehr ausgeglichen, ruht in sich und versteht es, ihr Wissen kindgerecht weiterzugeben. Davon profitiert auch ihre kleine Tochter. Obwohl Liserons Leben zunächst mit so großen Handicaps begann, hat sie Eifer und enorme Ausdauer gezeigt, um an ihrem Lebensentwurf zu arbeiten und ihren bisherigen Abschlüssen weitere Qualifikationen hinzuzufügen. Sie fördert als junge Pädagogin ihre Schützlinge auf eine Weise, dass diese Einblick und damit Weitblick für das Leben ihrer Schulkameraden in und aus anderen Ländern bekommen. Für Kindergeburtstage organisiert sie die Feiern, das Essen, die Unterhaltung und die Spiele. Dabei fühlen Migrantenkinder sich ganz besonders angenommen und wohl. Im Alltag setzt Liseron um, was sie auf den vielen Reisen an Erkenntnissen gewonnen hat. Sie ist politisch interessiert und nimmt ihre Rolle als deutsche Staatsbürgerin wahr. Ich bin sehr stolz auf alles, was sie leistet. Liseron entwickelt ihre Talente, nutzt Ressourcen und setzt sich für andere ein.

Meine Ziele für den praktischen Bereich

Meine Kinder sollen lernen zuzuhören, sich eine eigene Meinung zu bilden und diese dann selbstbewusst artikulieren. Sie sollen Kritik äußern und auch annehmen, offen, aber höflich miteinander umgehen und team- und kooperationsfähig sein. Es ist nicht wichtig, in welchem Bereich sich jedes Kind einbringt, ob im Haushalt, im Garten, als Fahrer oder Erzieher, Hauptsache ist, dass es weiterkommt. Wenn sie den Wert von Nahrungsmitteln, Kleidung und Materialien schätzen lernen, können sie auch sorgfältig damit umgehen und schließlich irgendwann auch einmal Ordnung halten. Vor allem sollen sie jedoch befähigt werden, am kirchlichen, schulischen und dörflichen Leben teilzuhaben und die Bedürfnisse von Jüngeren oder Schwächeren zu berücksichtigen.

Was ich damit meine, ist Folgendes: Wenn ich mit meiner Kinderschar Ausflüge mache, sind die meisten Menschen, die uns zuschauen, ganz erstaunt und äußern sich überrascht, weil meine älteren Kinder den jüngeren Geschwistern den Vortritt lassen, wenn ich, bei einem Picknick beispielsweise, die mitgebrachten Snacks und Süßigkeiten verteile. Das ist natürlich nicht selbstverständlich. Alle Kinder haben zunächst das Bedürfnis, möglichst schnell selbst in den Genuss der leckeren Sachen zu kommen. Es konnte schon passieren, dass in der Vergangenheit ein neu aufgenommenes Kind ein jüngeres Geschwisterchen brutal zur Seite stieß, um sich vorzudrängen. Ich habe deutlich gemacht, dass es auf diese Weise gar nichts gibt. Ich habe immer darauf geachtet, dass die Jüngeren oder Schwächeren den Vorrang haben. Natürlich heißt dies nicht, dass ein Zwölfjähriger stets vor einem Vierzehnjährigen an die Reihe kommen muss. Es bedeutet jedoch, dass der Vierzehnjährige in jedem Fall den Sechs-, Sieben- oder Achtjährigen Vortritt zu lassen hat und dass eine schwer behinderte, nahezu blinde Schwester ebenfalls vor ihm an die Reihe kommen muss, auch wenn sie volljährig ist. Mittlerweile brauche ich gar nichts mehr zu sagen, sondern nur die Augenbraue zu heben. Dann weiß ein drängelndes Kind Bescheid und lässt das jüngere vor. Ähnlich ist es beim Überqueren einer Straße. Ich brauche mittlerweile nur stehen zu bleiben und meine Kinder anzusehen. Dann greifen sie nach den Händen ihrer kleinen Geschwister, und ich kann mit ihnen die Straße überqueren. Auf der anderen Seite: Wenn sie in einem Pulk von Mitschülern oder in einer Freizeitgruppe sind und die anderen Kinder wenig Rücksicht zeigen, haben sie oft noch nicht die Stärke, sich anders zu verhalten.

Rücksichtnahme wird vorgelebt

Während der Lernprozess der Kinder, was Ordnung und Wertschätzung von Materialien betrifft, noch andauert und sehr mühsam ist, gibt es auf anderen Gebieten vielerlei gute Ergebnisse. Bei Wanderungen beispielsweise gilt das Prinzip, dass sich jeder stets nach dem schwächsten Glied der Gemeinschaft zu richten und dessen Belastbarkeit zu berücksichtigen hat. Dauer und Länge einer Wanderung richten sich danach. Es ist wichtig, dass ältere Geschwister und Eltern Vorbilder sind. Wenn ich mit meinen Kindern etwas unternehme und wir eine Straßenbahn benutzen, dann ist es auch für mich selbstverständlich, dass ich für meine Töchter, die ihre Babys auf dem Arm haben, aufstehe – ebenso für meine jüngeren Kinder, die bei einem plötzlichen Halt der Straßenbahn hinfallen könnten. Wenn man als Mutter den Kindern eine solche Rücksichtnahme konsequent vorlebt, dann stehen die Chancen gut, dass Kinder diese Verhaltensweisen übernehmen. Aus meiner Sicht gelingt das eher, wenn wir gemeinsam etwas unternehmen, was die Kinder herausfordert, ob an einer Kletterwand, bei entbehrungsreichen Erlebnisreisen oder sozialen Aktivitäten. Für Kinder mit geistiger Behinderung und jüngere sind Übernachtungen im Zelt, das Hüttenbauen im Wald und Spurensuchen geeignet. Zwischen Umweltgegebenheiten und Reifungsprozessen laufen wechselseitige Anpassungsprozesse ab.

Erziehung im Alltag – Grenzen und Freiräume

Halt und Orientierung durch mein konsequentes Verhalten. Geborgenheit und Wärme für die emotionale Entwicklung und Herausforderungen für Selbstbewusstsein und Zivilcourage.

Gezieltes Vorgehen
hilft bei der Integration

Unser Familienverbund mit den vielen so unterschiedlichen Kindern funktioniert nur, weil ich gezielt pädagogische Mittel einsetze. Für jedes neu aufgenommene Kind nahm ich mir viel Zeit. Ich machte Tests, um seine körperliche Entwicklung, seine feinmotorischen und sprachlichen Fähigkeiten und seine psychischen Gegebenheiten festzuhalten. Durch Gespräche und andere Methoden fand ich etwas über seine Bedürfnisse, Ängste und Träume heraus. Nach feststehenden Kriterien beobachtete ich die Kinder beim Spiel, beim Malen und beim Umgang mit den Geschwistern.

Diese Beobachtungen sind nicht mit allgemein üblichen Beobachtungen von Menschen zu verwechseln. Es handelt sich hier um ein Vorgehen, das Fachleuten zur Diagnostik bekannt ist, und bei dem ich, vom Kind unbemerkt, die Ergebnisse protokollierte. Auch Mimik und Gestik sind bedeutsam. Dadurch konnte ich eine fundierte Aussage über den gesundheitlichen, entwicklungsbedingten, kognitiven, pragmatischen, emotionalen, sozialen Stand dieses Kindes machen. Danach war es möglich, manchmal zusammen mit dem Kind, individuelle Feinziele aufzustellen, die sich auch nach seinen Interessen richteten. Ich halte das für ganz wesentlich, damit das Kind sich ernst genommen weiß und gerne weiterkommen will. Die Ziele steuerten wir dann mit unterschiedlichen Methoden an. Erreichbar sind sie meiner Meinung nach durch Vorbildhaftigkeit und Gesprächszugewandtheit, Konsequenz, Akzeptanz, positive Verstärkung, Vorgehen in kleinen Schritten, personenzentrierte Arbeit, kindgemäßes, sogenanntes »Setting«, kreatives

Arbeiten, Konsumeinschränkung zugunsten von mehr Lebensqualität und nicht zuletzt das Gebet. Letzteres ist für mich ganz besonders bedeutsam, weil ich mich von Gott berufen fühle zu meinem Tun.

Umgang mit Materialien und Medien

Ich setze Bücher, Bauelemente, Sportgeräte, selbst erstellte Puzzles, Dominokarten, Memories oder Gesellschaftsspiele ein. Auch Videos gehören dazu, die physikalische Experimente erklären, das Leben anderer Völker oder geschichtliche Ereignisse darstellen. Grundsätzlich dürfen die Kinder nicht wahllos fernsehen. Wenn sie etwas Bestimmtes sehen möchten, müssen sie fragen und die Sendung wird in der Regel zunächst aufgenommen, damit ich mich von der Qualität überzeugen kann. Auch eine Playstation kann bei uns genutzt werden, aber nur mit Sport-Spielen, und diese wiederum werden nur auf Nachfrage genehmigt. Auch Computer dürfen nur bewusst und unter einer gewissen Kontrolle genutzt werden. Insgesamt sind für alle Medien nicht mehr als 30 bis 60 Minuten täglich vorgesehen. Ich hoffe, dass die Kinder dadurch bewusster damit umgehen. Für Diskussionen stehe ich ihnen immer zur Verfügung. Ich spreche mit ihnen auch über die Zeitungsberichte und die TV-Sendungen, die über uns verfasst wurden, um sie dabei für Unkorrektheiten zu sensibilisieren. Werden wir beispielsweise nur beim Eisessen oder bei Zoobesuchen gezeigt, nicht aber bei unseren Museumsbesuchen und in Buchläden, dann werden die Zuschauer nicht umfassend über uns informiert. Es ist nicht korrekt, wenn meine religiösen Aussagen und meine Berufung unterschlagen werden. Meine Kinder sollen lernen, sich gegenüber Medienvertretern zunehmend kompetent zu zeigen und ihr mühsam erworbenes Selbstbewusstsein beizubehalten, um Eingriffe in ihre Privatsphäre zu verhindern.

Überlegte Vorgehensweise

Jeder Mensch lernt durch Nachahmung; jedes Kind übernimmt dadurch seine Muttersprache und Verhaltensweisen. Ich zeige deshalb bewusst ein Verhalten, an dem sich meine Kinder orientieren können. So jogge ich zum Beispiel mit meinen Kindern, obwohl ich nicht sportlich bin und Sport lästig finde. Oder ich halte mich an versprochene Aktivitäten, auch wenn mir nicht danach zumute ist. Ich stehe jedes Wochenende ab acht Uhr zur Verfügung, obwohl ich vielleicht viel lieber stundenlang im Bett liegen bleiben und lesen würde. Ich entschuldige mich, wenn ich etwas falsch beurteilt hatte, ich zeige Ausdauer, obwohl ich eigentlich abbrechen möchte, ich reiche die Hand zur Versöhnung, selbst wenn ich mich im Recht fühle. Dadurch ist meine persönliche Freiheit eingeschränkt. Aber jede Mutter und jede Bezugsperson ist ein Vor-Bild, eine Vorlage für Verhalten, ein Muster, sowohl in positiver wie negativer Hinsicht. Weil ich den Kindern vermitteln möchte, wie wichtig es ist, einen Tag mit freundlichem, frischem Gesicht und selbstbewusstem Auftreten zu beginnen, ist es selbstverständlich, dass ich stets geschminkt, gestylt und gut gekleidet bin, wenn ich sie um sechs Uhr begrüße.

Ich möchte nicht, dass Familienangehörige ungewaschen, ungekämmt oder nur mit einem Morgenmantel oder Jogginganzug bekleidet an den Frühstückstisch kommen. Ich trage daheim die gleiche Kleidung wie beim Ausgang – also meist Hose, Bluse, Blazer. Ich zeige mich meinen Kindern nicht anders, als ich sie zu sehen wünsche. Natürlich berate ich sie und helfe ihnen. Hier sitzt eine Hose zu eng, dort fehlt ein Gürtel, Kleidungsstücke passen farblich nicht zusammen oder sind für das herrschende Wetter nicht geeignet. Auf Reisen sehen die Kinder, dass man ähnlich wie in der Kirche in einer Moschee oder Synagoge anders gekleidet sein muss als am Strand oder bei gesellschaftlichen Auftritten. Oft wird vergessen, dass auch

Geschwister, Verwandte, Freunde, Lehrer oder Idole Vorbilder sind. Ohne meine Kinder würde ich hier und da bestimmt weniger konsequent darauf achten, vorbildhaft zu sein und meinen Schwächen sicher mehr nachgeben.

Ich gehe von einem positiven Menschenbild aus, das danach strebt, zu wachsen und sich zu entwickeln. Ich habe Respekt gegenüber dem Menschen, den ich als meinen Bruder, meine Schwester betrachte. Ich bin überzeugt, dass jeder Mensch von Geburt an die Bereitschaft für jede Art von Erfahrung mitbringt. Erfahrungen in den ersten Lebensjahren sind entscheidend und bestimmen spätere Wahrnehmungen und die individuelle Realität. Wenn er Erfahrungen gemacht hat, die ihm nicht guttaten und ihn nicht wertschätzten, werden in den späteren Jahren Personen, Dinge und Ereignisse als bedrohlich, beängstigend, niedermachend oder vernichtend erlebt – unabhängig davon, ob sie dies tatsächlich sind. Daher kann es sein, dass heranwachsende angenommene Kinder wegen ihrer negativen frühkindlichen Erfahrungen objektiv gute Verhaltensweisen ihrer Adoptiveltern subjektiv negativ wahrnehmen. Erfährt ein Kleinkind dagegen Wärme, kontinuierliche Fürsorge und Wertschätzung, wird es aufgeschlossen und kontaktfreudiger sein. Wer sich achtet, kann auch andere achten und ihnen Einfühlungsvermögen und Rücksichtnahme entgegenbringen. Menschen mit einem positiven Selbstkonzept können umfassend über sich selbst nachdenken und sind flexibel. Menschen mit einem negativen Selbstkonzept haben das Bedürfnis, bestimmte Wahrnehmungen zu ignorieren und versuchen, die verletzbare Selbststruktur zu verteidigen. Damit umzugehen ist sehr schwer. Darum habe ich jedem Kind zunächst meine Wertschätzung gezeigt. Wertschätzung heißt nicht, dass ich all seine Verhaltensweisen gutheiße, aber dass ich seinen Wert als Mensch schätze und akzeptiere, dass ich seine Gefühle ernst nehme und darauf eingehe. Hier ein konkretes Beispiel. Vor vielen Jahren war ich einmal gebeten worden, vorübergehend ein zwölfjähriges Mädchen aufzunehmen, das gerade eine sexuelle Nötigungssituation erlebt hatte und zudem wegen schwieriger Lebensumstände psychisch massiv vorgeschädigt war. Mein ebenfalls zwölfjähriger Sohn sollte zusammen mit diesem Kind einen Termin wahrnehmen. Weil er das von mir so oft in ähnlicher Weise gehört hatte, sagte er zur Ermunterung: »Nun mach endlich, Süße, sonst kommen wir zu spät.« Daraufhin stieß das Mädchen so laute schrille Schreie aus, als würde es auf brutalste Weise misshandelt. Wir liefen herbei und sahen, wie das Mädchen meinem Sohn mit den Fingernägeln das Gesicht zerkratzte, ihn an den Haaren zog und ihn in die Genitalien trat. Der Junge verstand in seiner unvoreingenommenen Naivität gar nicht, was los war. Nachdem ich ihn in Sicherheit gebracht und mich in Ruhe dem Mädchen zugewandt hatte, erfuhr ich dessen subjektive Realitätswahrnehmung: Obwohl es zugab, in keiner Weise berührt worden zu sein, fühlte es sich wie vergewaltigt. Ich habe das Mädchen in den Arm genommen und ihm gezeigt, dass ich an seinen Gefühlen der Demütigung, des Ausgeliefertseins und der Wut Anteil nehme, ihm jedoch gesagt, dass ich das Verhalten nicht angemessen fand.

Meinen Kindern gegenüber bin ich authentisch, das heißt, dass ich keine Maske zeige und dass meine Gefühle echt sind. Wenn ich mich mit einem Kind eingehender beschäftige, wende ich mich ihm ganz zu. Ich schaue es direkt an, höre aktiv zu, zeige ihm, dass ich seine Gefühle wahrnehme, mich in seine Lage versetzen und seine subjektive Perspektive nachvollziehen kann. Ich spiegele wider und signalisiere mein Verständnis. Genau das ist mit einer personenzentrierter Arbeit gemeint.

Partnerschaft

Wichtiges Prinzip meiner Erziehung ist die Partnerschaft. Trotz der negativen Vorerfahrungen der Kinder konnte ich zunehmend ein partnerschaftliches Verhalten erreichen, gerade auch zwischen beeinträchtigten Kindern, und denjenigen, die offiziell nicht als behindert gelten. Ich kenne Menschen mit geistiger Behinderung, die in Teilbereichen Verblüffendes leisten und die Schwächen anderer Menschen gut ausgleichen können. Das unterstütze ich. So kann ein lesefreudiges kleines Mädchen einer nahezu blinden erwachsenen Schwester vorlesen, wohingegen diese wiederum mit ihrer schönen Stimme uns beim gemütlichen Beisammensein unterhält. Ein rechtschreibschwacher Junge kann von seiner schreibsicheren Schwester unterstützt werden, während er ihr bei der komplizierteren Computertechnik hilft.

Für unser Miteinander ist Konsequenz unabdingbar. Kinder erkennen dadurch Strukturen, und sie sehen und erleben unmittelbar die Folgen ihres Verhaltens. Insbesondere für verhaltensauffällige Kinder bedeutet Konsequenz eine Orientierung, die ihnen Halt gibt. Einer meiner beiden leiblichen Söhne hatte sich vor vielen Jahren während seiner Pubertät einmal geweigert, einen ihm unangenehmen, aber für die Familie wichtigen Auftrag zu erfüllen. Meinen inständigen Bitten gegenüber stellte er sich taub, worauf ich beschloss, ihn die Konsequenzen seines Handelns selbst tragen zu lassen. Ab sofort entzog ich ihm den Zugriff auf Telefon, Fernsehgerät, Computer und anderes. Nach etwa 24 Stunden hatte er sich besonnen und erledigte kommentarlos seine Aufgabe. Auch ich sagte nichts, denn es ging mir nicht darum, zu triumphieren oder ihn sein Gesicht verlieren zu lassen, sondern ihn durch das Leben in unserer Familie auf sein späteres Leben in Beruf und Gesellschaft vorzubereiten.

Ich muss gestehen, dass ich mit diesem konsequenten Verhalten nicht immer Erfolg hatte. 1985 hatte ich mit etlichen Kindern auf dem Spielplatz des ein Kilometer entfernten Nachbarortes getollt und die Kinder rechtzeitig auf den baldigen Aufbruch vorbereitet. Alle Kinder stiegen dann auch in meinen Bus ein, doch mein eigensinniger Zweitgeborener dachte nicht daran. Ich wartete, ich bat, ich hupte. Schließlich kündigte ich an, ohne ihn abzufahren. Als er auch darauf nicht reagierte, ließ ich den Motor an, aber der Knabe bewegte sich nicht. Ich fuhr langsam an, der Junge blickte mir nach, dachte aber nicht daran, nachzukommen. Schließlich beschloss ich, für eine Minute wegzufahren, in der Hoffnung, dann ein einsteigbereites Kind vorzufinden. Zu meinem Entsetzen jedoch stand es nicht mehr dort, wo ich es zuvor verlassen hatte. Panisch fuhr ich die Straßen rund um den Spielplatz ab, fragte bei befreundeten Familien nach, bei denen das Kind hätte sein können. Schließlich setzte ich meine anderen Kinder daheim ab, um dann weiter zu suchen. Doch wer stand vor dem Haus? Jener eigensinnige Knabe. Mir wird noch heute ganz schlecht, wenn ich an jene Panne denke.

In schwierigen Situationen gibt mir ein Gebet die Möglichkeit, loszulassen und Kraft zu finden. Ich denke, dass meine Kinder auch durch die aktive Teilnahme am Gemeindeleben Geborgenheit spüren. Das schließt aber punktuelle Kritik nicht aus. Aus meiner Sicht muss man nicht mit allem konform gehen und nicht alles unkritisch übernehmen, was die Oberen der jeweiligen Religionsgemeinschaft sagen. Der Bezug zum Schöpfer und das Gebet an sich können Stabilität ermöglichen, Besinnung, Klarheit und Gelassenheit bewirken: Werte, die ich den Kindern vermitteln will. Bevor ich wegen einer problematischen Situation mit einem Kind spreche, hilft mir ein vorhergehendes Gebet. Auch bei Konflikten mit den Kindern suche ich hin und wieder das gemeinsame Gebet, um Blockaden zu lösen, an der Beziehung wieder hoffnungsfroh zu arbeiten und um den Segen des Allmächtigen für mein Tun zu erbitten.

Es ist nicht immer einfach, kindliches Verhalten zu akzeptieren und trotzdem die vorhandenen Fähigkeiten zu würdigen. Es ist eine Frage des Standpunkts, ob Eltern ihrem herumkrabbelnden Kleinkind ein ständiges stöhnendes »Nein!« oder »Lass das!« entgegenrufen oder ein bejahendes: »Wie schön, dass du das schon kannst«. Was ich damit meine, zeigt die Geschichte, die ich für Liseron schrieb, als sie im Kindergarten war. Meine kleine Tochter wollte die einfachen Zeilen häufig vorgelesen bekommen. Wichtig war die für das Kind erkennbare Akzeptanz, durch das sich sein Selbstbewusstsein entwickelte. Ich wollte Liseron und meinen anderen Kindern mit solchen Geschichten vermitteln, dass ich sie unabhängig von ihrem Leistungsvermögen liebe.

Einige Monate, bevor meine vier jüngsten Kinder eingeschult wurden, habe ich jedem von ihnen ein kleines Buch geschenkt, aus dem sie eifrig zu lesen begannen. Wie für die älteren Geschwister habe ich die Texte mit Fotos und Bildern ergänzt. Hier ist Liserons Geschichte:

»Das ist das Buch einer kleinen Prinzessin. Es ist das Buch der Prinzessin Tausendschön, Zauberlieb und Wunderfein. Es ist das Buch von Liseron

Es war einmal in einem fernen Land ein winzig kleines Kind. Das winzig kleine Kind war von Kumarihamy in Sri Lanka geboren worden. Aber Kumarihamy hatte kein Heim und kein Essen für ihre Kinder und konnte sie nicht beschützen. Weil sie ihre Kinder liebte, suchte sie nach Orten, die gut für sie waren. Das winzig kleine Kind kam zu Mami. Und Mami nannte es Liseron. Liseron war Mamis kleine Prinzessin. Liseron war Mamis Prinzessin Tausendschön, Zauberlieb und Wunderfein.

Liseron war kleiner als ein Paket Mehl. Sie hatte ein kleines Köpfchen wie eine Apfelsine. Sie hatte kleine Ärmchen wie Mamis Finger. Liseron hatte winzig kleine Händchen wie Mamis Fingernagel am Daumen. Mami fand ihre Prinzessin Tausendschön, Zauberlieb und Wunderfein einfach bildhübsch.

Mami und ihre anderen Kinder trugen Liseron immer herum. Sie hatte es warm und weich. Sie spürte die Liebe. Liseron konnte ruhen und froh sein. Und Mami wurde nie müde. Sie trug Liseron, sie arbeitete, sie gab ihr Milch. Und weil Liseron lächelte, wenn sie Tag und Nacht ihre Milch trank, wurde Mami nie müde. Mami war froh, dankbar und sehr glücklich. Gott hatte ihr ein Wunder geschenkt, die kleine Prinzessin Tausendschön, Zauberlieb und Wunderfein.

Mit Gottes Segen wurde Liseron größer. Ihr kleines Köpfchen wurde so groß wie ein Ball. Ihre sehr kleinen Ärmchen wurden so dick wie Leberwürste. Ihre winzig kleinen Händchen wurden so zugreifend wie ein Spielzeugkran. Sie nahmen alles, was sie erreichen konnten. Sie packten alles, was sie kriegen konnten. Sie untersuchten alles, was sie greifen konnten. Mami war froh, dankbar und sehr glücklich über ihre lebhafte kleine Prinzessin Tausendschön, Zauberlieb und Wunderfein.

Mit Gottes Segen begann Liseron zu krabbeln. Sie begab sich in die Küche und leckte in einer Kakaopfütze. Sie wuselte ins Badezimmer und riffelte Papier auf. Sie eilte in den Garten und machte Blumen kaputt. Sie krabbelte über die Bilder, die Mami im Garten malte. Mami war froh, dankbar und sehr glücklich über ihre mobile kleine Prinzessin Tausendschön, Zauberlieb und Wunderfein.

Mit Gottes Segen begann Liseron zu laufen. Sie wackelte in die Küche und räumte die Töpfe aus. Sie tippelte ins Bad und steckte die Hände ins Klo. Sie rannte in den Garten und zog am Tuch des gedeckten Tisches. Sie lief auch über Mamis Kunstwerke und verteilte die Farbe. Mami war froh, dankbar und sehr glücklich über ihre geschickte Prinzessin Tausendschön, Zauberlieb und Wunderfein.

Mit Gottes Segen begann Liseron zu sprechen. Sie forderte »Mami Aam«, wenn sie hochgenommen wer-

den wollte. Sie rief: »Tine tomm«, wenn sie mit der
großen Schwester spielen wollte. Sie sagte »Manumir
da«, wenn Immanuel ihr etwas geben sollte. Liseron
sprach auch in Mamis Texte hinein und Mami hörte ihr
zu und machte ab und zu einen Fehler. Mami war froh,
dankbar und sehr glücklich über ihre sprachfreudige
Prinzessin Tausendschön, Zauberlieb und Wunderfein.

Mit Gottes Segen begann Liseron zu fragen, zu untersuchen und zu forschen. Sie fragte, warum der Po »Po«
genannt wird, und die Leute im Geschäft lachten. Sie
untersuchte, wie die Seiten eines Buches befestigt sind,
und die Seiten gingen alle auseinander. Sie forschte,
wie der Schlüssel in die Badtür passt und schloss sich
dabei ein und kam nicht mehr heraus. Mami war froh,
dankbar und sehr glücklich über ihre wissbegierige
Prinzessin Tausendschön, Zauberlieb und Wunderfein.

Mit Gottes Segen genoss Liseron die Liebe
ihrer Geschwister:
Christine las an ihrem neuen Bett,
Ingeborg kleidete die Puppe nett,
Daiane pinselte mit ihr den Kuchen weiß,
Tiago gab ihr von seinem dicken Eis,
Sascha nahm sie in seinem neuen Auto mit,
Immanuel machte sie zum Einkaufen fit,
Alcione sang ihr ein Liedchen vor,

Regina ging mit ihr in den Chor,
Leandro ließ sie in seinem Rollstuhl fahren
und machte für sie den wilden Narren.
Liseron war froh und entfaltete sich: Sie konnte den
behinderten Bruder Tiago an der Hand führen, der
jüngeren Schwester Ela den Schal anziehen, den kleinen Tobias im Wagen schaukeln. Mami war froh, dankbar und sehr glücklich über ihre tüchtige und soziale
Prinzessin Tausendschön, Zauberlieb und Wunderfein.

Mit Gottes Segen wuchs Liseron zu einem Schulkind
heran. Die ganze Familie feierte mit ihr:
Die Fische schwammen ihren Goldfisch-Freudentanz,
die Schildkröte zeigte ihren dicken Schildröt-Wanz,
die Meerschweinchen quiekten an Liserons Nase,
und an ihrem Finger nagte Stupsi, der Hase.
Und Lassie, der Hund,
sprang verrückt immer rund,
sank dann müd' in Liserons Schoß
und verstand nicht, was los.
Alle feierten ein Fest mit Liseron im Nest. Mami war
froh, dankbar und sehr glücklich über ihre Prinzessin
Tausendschön, Zauberlieb und Wunderfein, die nun ein
Schulkind geworden war.

Liseron, das Schulkind, geht nun jeden Morgen zur
Schule. Sie packt ohne Hilfe ihren Ranzen, spitzt ihre

Stifte, macht allein ihre Schuhe und Knöpfe zu. Und wenn Liseron heimkommt, dann geht sie erst ein wenig in ihr Zimmer, um dort Musik zu hören, zu malen oder Bücher anzusehen. Manchmal ist Liseron müde vom vielen Lärm in der Schule. Dann mag sie es, erst ein wenig allein in ihrem Zimmer mit ihrer Löwenfamilie zu spielen. Nach dem Mittagessen fängt Liseron, das Schulkind, mit den Hausaufgaben an. Schreiben macht Liseron am meisten Spaß, vorlesen mag sie auf Mamis Schoß, rechnen übt sie mit viel Fleiß. Es ist nicht immer leicht, ein Schulkind zu sein. Manchmal wünscht Liseron die Ferien herbei, damit sie länger mit Mami im Bett schmusen, gemütlicher frühstücken und ausgedehnter im Garten herumtollen kann. Mami ist froh, dankbar und sehr glücklich über ihre durchhaltefähige Prinzessin Tausendschön, Zauberlieb und Wunderfein.

Mit Gottes Segen gewann Liseron an Ausdauer, Zuversicht, Gelassenheit. Nicht alles im Leben kann gelingen, aber mit Gottes Segen wird alles gut. Liseron ist ein frohes Kind. Ihr Name ist in Gottes Hand geschrieben. Liseron wird von der ganzen Familie geliebt, vor allem aber von Gott.

Und wenn Mami Liseron im Arm hält und keiner es hört, dann flüstert sie Liseron, dem Schulkind, ein Geheimnis ins Ohr:

»Liseron, du bist und bleibst für immer und ewig meine kleine Prinzessin Tausendschön, Zauberlieb und Wunderfein. Und was immer du können wirst oder nicht können wirst, machen wirst oder nicht machen wirst, du, Liseron, bist ein Wunder und Gottesgeschenk, für das ich immer dankbar sein werde.«

Es freut mich, dass Liseron heute eine fähige Pädagogin und eine wunderbare Mutter für ihre kleine Tochter Hannah ist und für das Kind sein wird, das sie erwartet. Hin und wieder nehme ich beide gleichzeitig auf meinen Schoß und flüstere ihnen meine Liebe ins Ohr.

Wenn ich will, dass sich ein bestimmtes Verhalten bei einem Kind weiterentwickelt, dann bestärke und bestätige ich das. Mir fällt eine Begebenheit mit dem schwerbehinderten Tiago ein. Dank intensiver Betreuung war er mit etwa fünf Jahren in der Lage zu stehen, aber immer noch passiv und an der Erforschung der Umwelt wie andere Kinder nicht interessiert. Eines Tages hatte er sich an einem Schränkchen im Badezimmer hochgezogen, sah die aufgereihten Zahnputzbecher und wischte sie mit allen Zahnbürsten vom Regal, dass es laut schepperte. Dies sah eine nur wenige Jahre ältere Schwester, die fröhlich in die Hände klatschte und rief: »Toll, was du kannst, Tiago.« Durch diese und weitere Verstärkungen lernte er, dass Aktivität erwünscht ist.
Bekanntermaßen verläuft bei Kindern der Lernprozess nach einem gewissen Schema. Das kleine Kind probiert etwas aus und will gelobt werden. Wenn es negative Reaktionen erlebt, wird es entmutigt. Wenn ich bei größeren Kindern einen Lernprozess in Gang setzen will, muss ich das in kleinen Schritten tun, damit sie wegen möglicher Überforderung nicht abschal-

ten. Wenn sie dagegen kleine Etappenziele erreichen, wächst ihr Selbstbewusstsein.

Raum für die wachsende Kinderschar

Mit damals vier Kindern bin ich 1980 von Köln weggegangen, weil ich ihnen die Möglichkeit bieten wollte, von möglichst viel Natur umgeben aufzuwachsen. Euskirchen-Kreuzweingarten liegt in strategischer Nähe zu Bonn, Köln und Aachen und ist von Wald umgeben. Das bereits erwähnte kleine Häuschen bot bald zu wenig Platz für uns alle. Ich erwarb das Grundstück gegenüber, ließ darauf ein großes Haus bauen, in das wir 1989 mit inzwischen 10 Kindern einzogen. Weil die Kinderzahl weiter wuchs, entstanden 1997 ein weiteres Haus und im Jahr 2001 drei Reihenhäuschen. Erwachsene Kinder mit gewissen Beeinträchtigungen erhalten hier gute Pflege, haben vielerlei gesellschaftliche Außenkontakte, leben jedoch in betreuter Selbstständigkeit.

Bei der Zimmeraufteilung habe ich mich nicht nach allgemein üblichen Vorgaben des Architekten gerichtet, sondern allein die Bedürfnisse meiner Kinder berücksichtigt. Denn die Wahl des Raumes, der Möbel oder der Sitzanordnung, ein kindgerechtes sogenanntes Setting ist für die positive Entwicklung der Kinder von immenser Bedeutung. Viele kleinere Räume bieten den Kindern Rückzugsmöglichkeiten und Individualität. Jedes kann sich sein Zimmer selbst aussuchen, die Farben, Möbel und Bilder wählen, seinen individuellen Geschmack verwirklichen und sich heimisch fühlen.

Bewusst habe ich auf einen saalähnlichen Essraum verzichtet. Es gibt gemütliche Essecken, in denen sie nach Schulende von einem erwachsenen Familienangehörigen »bedient« werden, mit den Geschwistern speisen und von den vielen Erlebnissen des Tages erzählen können. Wenn ausnahmsweise an Ostern,

Weihnachten oder runden Geburtstagen alle Familienmitglieder zum gleichen Zeitpunkt zusammenkommen und feiern wollen, lassen wir uns gerne in einem guten Restaurant verwöhnen.

Bewusst habe ich den Kindern Möbel zur Verfügung gestellt, die sie flexibel nutzen können. Die meisten lieben Elemente, die nachts zum Schlafen dienen, tagsüber jedoch zum Sitzen, Spielen, Erzählen einladen und gleichzeitig zu Höhlen, einem Theater oder zu Burgen umfunktioniert werden können. Natürlich gibt es auch ältere Kinder, die ein ganz normales Bett bevorzugen und bekommen.

Wenn ein Kind auf der Straße gelebt und die Nächte zusammengekauert in einem Winkel verbracht hatte, dann ist nachvollziehbar, dass es bei uns zu Hause nicht sofort in einem Bett oder gar in einem Einzelzimmer schlafen will. Im Gegenteil: Es schreit, tritt, wehrt sich dagegen, hat Angst und fühlt sich vergewaltigt. Um sich wohlzufühlen, muss das Kind für seinen Schlafplatz eine gewisse Wahlmöglichkeit haben. Im Laufe der Zeit können sich seine Bedürfnisse ändern. Statt eine Ecke auf einem Teppich zu favorisieren, wird es zu Gleichaltrigen krabbeln wollen, doch kann es sein, dass ihm Bettgestelle mit »Beinen« Zeit seines Lebens suspekt sind und es flexible Wohn- und Schlafelemente vorzieht. Nichts spricht dagegen.

Da die Bedürfnisse der Bewohner aufeinander abgestimmt sein sollten, können die Zimmer auch verändert werden, gemäß der Entwicklung derjenigen, die sie nutzen. Das heißt, dass wir einmal jährlich miteinander überlegen, wer eine Veränderung wünscht. Selbstverständlich kann jeder sein Zimmer behalten, wenn er dies möchte. Er kann mit einem Geschwisterkind zusammenziehen oder ein eigenes Zimmer wählen.

Diese Veränderungsmöglichkeiten werden in den Sommerferien realisiert, weil wir dann Zeit haben. Die in Frage stehenden Zimmer werden umgestaltet, die Wände gestrichen, und gegebenenfalls wird neues Interieur angeschafft, wie farblich aufeinander abgestimmte Kissen, Teppiche, Decken, Lampen, Accessoires und mehr. Unter anderem sind diese Wahlmöglichkeiten der Grund dafür, dass die Kinder besser harmonieren und sich wenig streiten.

In meinem Anwesen laden sechs Balkone und fünf Terrassen mit Sitzgarnituren zum Verweilen ein oder zur Kommunikation mit Geschwistern und Freunden. Viel Gebrauch wird auch von den Bänken gemacht, die jeweils vor den Häusern stehen. Im Garten gibt es Ruhezonen mit Sitz-Ess-Möglichkeiten zu zweit. Die Gartenanlage ist gut konzipiert: Im sogenannten »neuen« Garten sind kleine Teiche und Springbrunnen, die besonders von Schwerbehinderten geliebt werden, weil sie dort träumen können und Ruhe finden. Im »alten« Garten gibt es eine große Sandfläche mit Klettergeräten und Rutsche, eine Wiesenfläche mit Schaukeln und Bauelementen, eine Tischtennisplatte. Ein Weg vom alten Garten aus wird gerne für Gymnastikübungen oder fürs Rädchenfahren genutzt, ebenso wie das »Dreieck«, das ist ein mit Fliesen ausgestatteter Bereich vor dem ersten Haus, dem sogenannten »Haupthaus«. Dort können die Kinder Kreisspiele machen oder Seilchen springen. Kleinere Spielstätten sind über das ganze Anwesen verteilt – mit Spielhäuschen, Wippen, weiterer Kinderschaukel. Damit die Kinder auch bei Dauerregen die Möglichkeit haben zu toben und sich zu bewegen, gibt es im Haupthaus einen Eingangsraum, der mit Rutsche, kleinem Holzkarussell und Kicker ausgestattet ist. Dieser Raum eignet sich auch gut zum Tanzen, wenn er verdunkelt wird und das bunte Licht und die Klänge der Musikanlage die Kinder einladen.

Um die Kreativität meiner Kinder zu fördern, male ich den Kleinkindern mit bunter Seife Tiere auf den Bauch, lasse sie mit Fingerfarben Dusche und Badewanne bunt färben und gestalte mit ihnen Fenster, Terrassenfliesen, Hemden oder Tapetenrollen. Außerdem mache ich mit ihnen von klein auf viele Sprach- und Wort- und Fingerspiele, zitiere Reime, lese vor, erzähle, erfinde mit ihnen zusammen Theaterstückchen und Sketche. Bereits den Babys teile ich singend meine Gedanken mit und lasse sie damit wissen, dass Gefühle auch durch Gedichte, Lieder und individuellen Tanz ausgedrückt werden können. Daher hält es in meiner Familie jeder für selbstverständlich, wenn ein kleines Kind im Garten auf einer Bank sitzt und in einer Melodie, die seiner Stimmung entspricht, etwas Selbsterdachtes singt. Die kreativen Einfälle der Kinder zeigen Originalität und waren ein wesentlicher Schritt auf dem Weg zur Produktion einer CD mit ihren eigenen Texten und Melodien. Durch deren Verkauf tragen sie zur Unterstützung afrikanischer Altersgenossen bei.

Die Kinder tanzen sehr gerne, entwickeln eigene, kleine Choreografien für Tanzaufführungen, die sie bei kirchlichen Veranstaltungen oder Kunstaktionen zeigen. Sie nehmen dadurch ihren Körper sensibel wahr, konzentrieren sich und üben Selbstdisziplin. Natürlich freuen sie sich auch über den Applaus und die Anerkennung der Zuschauer. Beispielhaft war ein sehr originelles Geschenk, das mir zum Muttertag im Jahr 2006 gemacht wurde. Alle Kinder wollten mir gemeinsam eine Freude machen. Unter der maßgeblichen Organisation und Führung einer fünfzehnjährigen Tochter hatten sie gemeinsam ein Lied getextet und sogar die Musik dazu komponiert. Den Text hatten sie in einen Bilderrahmen gesteckt und höchst kreativ mit Rosenblättern geschmückt. Sie hielten diesen Rahmen hoch und sangen.

Liebe Mami, wir hab'n dich lieb – so lieb, dass man's nicht beschreiben kann. Liebe Mami, wir hab'n dich lieb, unendlich lieb, das ist uns voll gewiss.
So mutig und tapfer bist du als Person, natürlich sehr weise, wo gibt's das denn schon.
(gerappt)
Du bist die beste Mutter, die man haben kann, wer dich nicht anerkennt, ist ein dummer Blödmann.

Liebe Mami, wir hab'n dich lieb – so lieb, dass man's nicht beschreiben kann. Liebe Mami, wir hab'n dich lieb, unendlich lieb, das ist uns voll gewiss.
So zärtlich und herzlich bist du als Person, fast immer verständlich, wo gibt's das denn schon.

(gerappt)
Wenn man sich was wünschen müsst und wär' nicht Tochter/Sohn, dann gäb es in der Welt nur eins, das wäre dann dein Klon.

Ich war gerührt und brachte zunächst kein Wort heraus, konnte alle nur fest umarmen. Dann aber konnte ich meinen Kindern mit einem spontan ausgedachten Vers antworten:

Liebe Kinder, ich hab euch lieb, so lieb, dass man's nicht beschreiben kann. Liebe Kinder, ich habe euch lieb, unendlich lieb, das ist mir ganz gewiss.

So froh und lebendig ist jeder als Person
und füreinander da, wo gibt's das denn schon.
(gerappt)
Für mich seid ihr die besten Kinder auf der ganzen Welt
und missen möcht' ich niemals euch für alles, alles
Geld.

Durch meine Kinder habe ich im Laufe der vielen Jahre des Mutterseins gelernt, mehr Konsum zuzulassen, aber nach wie vor bin ich gegen Massenkonsum und Konsumzwang. Ich möchte, dass meine Kinder stark genug sind, sich nicht in den Kaufsog ziehen zu lassen, dem mancher Mitschüler unterliegt. Sie sollen den Wert gesunder Nahrungsmittel kennen und erfahren, dass Selbstkochen Spaß macht und dazu finanzielle Vorteile bringt.

Weil ich auf Kindergarten- und Schultrödelmärkten ausgewähltes Lern- und Spielmaterial oder gut erhaltene Kleidung kaufe, kann ich Geld sparen. Puppenhäuser, Legosteine, Holzpuzzle, Playmobilsets, Lük-Kästen und anderes kann ich gebraucht kaufen und gegebenenfalls desinfizieren. Meine Kinder haben dadurch große Mengen hochwertigen Spielzeugs. Während des Sommer- und Winterschlussverkaufs erstehe ich verbilligte Kleidung, etwa zwanzig Badeanzüge für das darauffolgende Jahr sowie Sandalen bzw. Stiefel. Weihnachts- und Geburtstagsgeschenke besorge ich nie vor den Festen. Ich halte bei jedem Stadtbummel die Augen offen und kaufe bei Geschäftsaufgaben oder nehme Sonderangebote wahr. Zu gegebener Zeit kann ich aus meinem riesengroßen Reservoir das Passende für diesen oder jenen auswählen. Ich hätte ein Problem, wenn ich für jede Kindereinladung Geschenke extra kaufen müsste. Wenn eines meiner Kinder im Laufe der Zeit ein spezielles Interesse entwickelt, so kann dies immer noch berücksichtigt werden. Ich gebe lieber für gemeinsame Unternehmungen und Kurzreisen mit den Kindern Geld aus. Denn die bieten zu den emotionalen Erlebnissen auch noch Kontakte zu anderen Menschen und Gesellschaftsschichten.Auch Nahrungsmittel kann ich kurz vor Marktende weitaus billiger kaufen als zu Beginn. Wir essen kaum Fleisch, jedoch viel Gemüse und Obst. Jede Ausgabe erfolgt bewusst und sehr überlegt, damit ich in anderen Bereichen der Kultur oder bei Reisen großzügiger sein kann.

Höhen und Tiefen im Leben meiner Großfamilie

*Erfolge und Freuden, Trauriges und Erschütterndes,
Schicksalsschläge und belastende Verleumdungen.
Wie ich die Schwierigkeiten gemeistert und die
Enttäuschungen verarbeitet habe.*

Dramatische Situationen

Im Jahr 1996

Jeder Mensch erlebt Höhen und Tiefen – unabhängig davon, ob er allein lebt oder in einer Klein- oder Großfamilie. Harmonie, Liebe, Erfolg oder eine Genesung können viele Menschen in Hochstimmung versetzen, während Unfrieden, Einsamkeit, Misserfolg und Krankheit bei einem Großteil die Stimmung sinken lassen. Natürlich gibt es für jeden Einzelnen auch individuelle Höhen und Tiefen.

Nachdem ich etliche Menschen in Äthiopien dabei unterstützt hatte, sich selbst zu helfen, stand ich mit einem Vorschulkind, das wegen seiner akuten familiären Problemsituation nach Deutschland sollte, kurz vor dem Abflug. Eine andere Hilfsmöglichkeit hatte sich trotz intensiven Bemühens nicht finden lassen. Tage vorher hatte ich mit dem Mädchen geübt, in den neu gekauften Lackschuhen zu laufen. Es war von mir entlaust, gebadet und reisefertig gemacht worden. Nun mussten wir zum Flughafen. Lediglich der Abschied von der Verwandtschaft musste noch genommen werden. Als mein Fahrer kam, stieg das Kind mit nackten Füßen ins Auto. Irgendjemand hatte ihm – von mir im Tumult ganz unbemerkt – die Schuhe ausgezogen und gestohlen. Natürlich wollte es keiner gewesen sein. Mein Blutdruck stieg. Trotz des engen Zeitrasters blieb mir nichts anderes übrig, als den Fahrer anzuweisen, vor dem Abflug mit mir noch zum Markt zu eilen, um neue Schuhe zu kaufen. Weil es fast unmöglich war, dort passende Schuhe zu bekommen, konnte das Kind darin kaum laufen.

Ein anderes Mal hatte ich mit einem Kleinkind bereits eingecheckt und befand mich im Abflugbereich für die Fluggäste. Ich hatte noch etwas mehr als eine Stunde Zeit bis zum Abflug, als das Kind plötzlich wirklich mörderisch zu schreien anfing. Alle Leute wurden aufmerksam, tuschelten, betrachteten mich und das Kind ganz argwöhnisch. Wie dramatisch die Situation wirklich war, und wie groß die Probleme, die hätten auf mich zukommen können, kann ich hier kaum annähernd schildern. Ich fühlte mich sehr angespannt, nahm das Kind, verließ das Flughafengebäude und ging zum Parkplatz, wo Fahrer und Übersetzerin bis zum Abheben der Maschine gewöhnlich warteten. Auf meinen Vorschlag hin – unterstützt durch einen kleinen Geldbetrag – spielten die beiden nun mit mir und dem Kind Nachlaufen, auch wenn der eine oder andere Vorübergehende uns für verrückt halten musste. Ich erklärte, dass die Maschine ohne uns fliegen würde, wenn es nicht gelänge, das Kind müde zu machen. Nach etwa vierzig Minuten war es soweit. Wir machten aus dem Umhang der Übersetzerin ein Tragetuch, setzten das Kind hinein und bedeckten seine Augen. Ich ließ mir dann zeigen, in welchem Tonfall ich ein offensichtlich hilfreiches, ständig zu wiederholendes »Oaoah« singen musste, um den Schlaf des Kindes zu begünstigen. Ich schaukelte es hin und her, bis es tatsächlich kurz darauf einschlief. Daraufhin kehrte ich in den Abflugbereich zurück. Die Fluggäste waren schon eingestiegen, man hatte mich bereits aufgerufen und führte mich nun schnell zur Maschine. Aus Sorge, das Kind könne aufwachen, wie am Spieß schreien, das Personal aufmerksam machen und massive Probleme verursachen, habe ich während des langen Fluges nichts gegessen, nichts getrunken und bei jeder Bewegung des Kindes leise mein »Oaoah« wiederholt.

Als ich in Frankfurt landete, waren vierzehn Stunden vergangen seit meinem Einstieg ins Auto. Ich konnte wegen der vollen Blase vor Schmerzen kaum laufen, ließ mir stehend von einer Freundin auf der Toilette helfen und schaukelte das Kind weiterhin mit dem bekannten »Oaoah«, bis wir endlich im privaten Auto saßen. Erschöpft hielt ich inne. Das Kind fing an zu schreien,

aber jetzt war ich aus dem Blickfeld skeptischer Sicherheits-
leute, die bei Geschrei gleich Schlimmes vermuteten. Ich hatte
große Angst ausgestanden.

Im Jahr 1997

Zum wiederholten Mal weilte ich in Äthiopien, um dort zu
helfen. Ich unterstützte viele Frauen beim Aufbau einer sehr
bescheidenen Existenz. Sie konnten sich beispielsweise Koch-
geschirr kaufen und einen kleinen Imbissstand aufmachen.
Nähmaterial ermöglichte ihnen, einfache Kleidungsstücke her-
zustellen.
In einigen Slums kannte man mich bereits. Viele Menschen in
den Hütten waren unterernährt und krank. Häufig konnte ich
Wunden desinfizieren und behandeln. Um das tun zu können, hatte ich immer Medikamente und Pflegehandschuhe bei
mir. Doch plötzlich ein Schreck, als sie kaputtgingen, denn die
junge Frau, die ich behandelte, war aidskrank. Banges Warten auf das Ergebnis meiner daraufhin durchgeführten Blut-
tests. Endlich Entwarnung. Ich hatte mich nicht infiziert. Das
gleiche in einem anderen Fall: Einem kleinen Kind lief ständig
Eiter aus dem Ohr. Das Antibiotikum schlug nicht an. Das
Kind schrie vor Einsamkeit und Schmerz. Ein HIV-Test war
negativ gewesen. Gummihandschuhe hatte ich keine mehr.
Ich gab ihm mit bloßen Händen ein starkes Zäpfchen, sang
es in den Schlaf. Später, in Deutschland, erfuhr ich, dass jenes
Kind doch HIV-positiv gewesen war. Warten, Angst, wieder
Tests und wieder Entwarnung: Wieder hatte ich Glück gehabt
und mich nicht angesteckt. Dass ich mir bei meinen Einsätzen Läuse, Flöhe, Krätze und Fieber holte, gehörte dazu. Vor
der Rückreise sorgte ich dafür, alle diese ungebetenen Parasi-
ten loszuwerden. Denen, die ausgegrenzt waren, konnte ich
häufig nur Solidarität und Zuwendung bieten, sie in den Arm

nehmen, mit Hilfe meiner Übersetzerin Aussöhnungen herbei-
führen, Vitamintabletten hinterlassen, ein Foto vom Sonnen-
aufgang schenken. Es war herzzerreißend, wenn die ausgemer-
gelten Kinderhände nach mir griffen, wenn ich den Schmutz
sah, den Kot an ihren Körpern. Ich reinigte und cremte sie mit
medizinischen Salben ein. Ich blickte in die großen Kinderaugen, die aufmerksam auf mich gerichtet waren. Meine Zärtlichkeit schien wichtiger als die Heilcreme. In unzähligen Hütten
musste ich Ekel überwinden und durchhalten. Jeden Tag war
ich 16 Stunden auf den Beinen. Ich arrangierte ärztliche Be-
handlungen, Operationen, besorgte Medikamente. Zwischendurch verlor ich einen Kampf: Das Kleinkind, dem ich zwei
Tage zuvor noch auf meinem Arm etwas zu trinken gegeben
hatte, war tot, und das konnte ich kaum ertragen. Ich weiß
zwar, dass alle fünf Sekunden auf der Welt ein Kind an Hunger stirbt, aber ich mag mich nicht damit abfinden. Auf meinen vielen Gängen durch die Slums von Addis Abeba hatte
ich viele Kinder auf den Arm genommen, mit ihnen gesungen,
ihre Wunden verbunden und Medizin verabreicht. Es war mir
gelungen, auf ein sehr verstörten Kind einzuwirken, das die
ganze Nachbarschaft mit seinem Geschrei am Schlaf gehindert hatte, und es zu untersuchen. Es fieberte stark, hatte sich
aber von mir ein Zäpfchen geben lassen. Als es sich etwas beruhigt hatte, gab ich ihm ein Erdbeerbonbon und einen von mir
aufgeblasenen Luftballon. Das daraufhin strahlende Lächeln
war für einige Tage mein schönstes Geschenk.

In Äthiopien war ich für fünf Tage weitab jeder Stadt. Bei einem Brunnenbau begegnete mir eine Mutter mit ihrem stark
fiebernden Säugling. Mit meinem Stethoskop hörte ich ihn ab
und diagnostizierte eine schwere Bronchitis oder sogar Lun-
genentzündung. Als das Fieber auf 41 Grad stieg, war ich sehr
beunruhigt. Die Mutter bat mich, den Jungen zu retten, wie

auch immer. Aus dem Bestand meiner eigenen Vorsorgemedizin nahm ich ein Antibiotikum für Erwachsene und studierte den Beipackzettel wegen der Dosierung. Dann zerteilte ich eine Tablette in mehrere Stücke. Schätzte die Dosis ab, betete und zerkaute die gewählte Menge zu einem Brei, weil es kein sauberes Wasser gab, um die Tablette aufzulösen. Den Medizinbrei schob ich dem Säugling in den Mund. Diese Prozedur wiederholte ich einige Tage lang – und das Kind überlebte.

Wieder fernab jeder Zivilisation. Ein kleiner Junge hielt sich den Bauch und krümmte sich vor Schmerzen, er hatte seit einer Woche keine Verdauung. Ich untersuchte ihn und stellte weder Blinddarmentzündung noch Darmverschluss fest. Ich überlegte kurz und entnahm meinem Reservoir an Spiel- und Nutzmaterialien ein dickes Trinkröhrchen und einen Luftballon. Ich stellte eine geringe Menge Seifenlauge her, füllte sie in den Luftballon und befestigte das von mir kürzer geschnittene Röhrchen mit Klebeband und Gummi an der Öffnung des Luftballons. Nach Eincremen des Afters führte ich dem Jungen das Röhrchen ein und gab ihm den zubereiteten Einlauf. Nach kurzer Zeit konnten wir uns alle über das erleichternde Ergebnis freuen.

Im Jahr 1999

Mein schwerbehinderter Adoptivsohn wurde zu Hause von mir beim Duschen unterstützt. Dabei fiel der Temperaturregler plötzlich aus. Wegen des glühend heißen Wassers geriet der behinderte junge Mann in Panik. Er verlor die Orientierung und wehrte sich dagegen, von mir aus der Dusche gezogen zu werden. Mit allen Kräften trat und schlug er um sich. Schließlich hatte ich ihn draußen. Er hatte Verbrennungen erlitten und wurde von einer Ärztin betreut, die ihn von kleinauf behandelt hatte. Sie kennt seine Kraft, weiß aber auch um seine massive geistige Behinderung. Bei einer Behandlung im Krankenhaus würde er Personal und Möbel zusammenschlagen, brüllen wie ein Löwe und nach Hause wollen. Weil er isoliert wäre und nichts verstehen würde. Im Krankenhaus würde man ihn fixieren, und seine Seele, sein Vertrauen wären dabei zerstört worden. So schmerzte nur sein Körper. Sofern medizinisch vertretbar, sollte seine Behandlung daheim erfolgen, um ihm seine Geborgenheit zu erhalten. Dafür musste die Ärztin täglich kommen. Ich verzichtete weitgehend auf Nachtschlaf und pflegte den Sohn. Rund um die Uhr waren auch die anderen Erwachsenen meiner Familie in die Pflege eingebunden, die exakt protokolliert wurde. Wir haben die Hand unseres Patienten gehalten und ihm vorgesungen. Trotz seiner Verletzungen lächelte er, fühlte sich beschützt, erholte sich schnell und behielt sein Vertrauen.

Im Jahr 2002

Wieder einmal aus Äthiopien kommend, ging ich auf dem Amsterdamer Flughafen mit einem neuen Kind an der Hand auf eine Rolltreppe zu. Plötzlich fing es an, theatralisch zu lamentieren, als würde es geschlagen. Das Kind hatte Angst vor der ihm völlig fremden Rolltreppe. Weil ich unter keinen Umständen Aufsehen erregen und das Sicherheitspersonal auf den Plan rufen wollte, ging ich zurück und tat so, als hätten wir etwas vergessen. Ich hatte Mühe, die umstehenden und neugierigen Leute zu beschwichtigen.
Vernachlässigte Kinder sind nämlich mit der Erfahrung aufgewachsen, dass sie nur dann Aufmerksamkeit bekamen, wenn sie »wie am Spieß« schrien. In der Situation hier hatte ich kaum die Möglichkeit, auf das Verhalten einzuwirken. Bei anderen Gelegenheiten dagegen, zu Hause, konnte ich durch ge-

schicktes Verhalten, beispielsweise Ignoieren, den Kindern diese – oft auch grundlose – Brüllerei abgewöhnen (im Gegensatz zu den Frauen, denen ich vorübergehend Obdach gewährt hatte und die auch dazu neigten).

Werte und Wertmaßstäbe fehlen

Als Tiefen im Leben mit meiner Großfamilie erlebte ich den Umgang neuer Kinder mit Materialien. Sie waren zumeist ohne Werte und Wertmaßstäbe herangewachsen, hatten weder Menschlichkeit gekannt noch adäquates Verhalten gegenüber Tieren, Pflanzen, Nahrungsmitteln, Kleidung, Büchern, Möbeln, Lernmaterialien usw. Obwohl etliche Kinder vom Betteln gelebt und in Abfällen gewühlt hatten, fanden sie nichts dabei, ihr Essen auszuspucken, Schulbrote in den Papierkorb zu stecken, Nahrung in die Toilette zu werfen. Werte an sich waren ihnen unbekannt. Von Anoraks wurden beispielsweise die Reißverschlüsse so aufgerissen, dass sie bereits nach wenigen Tagen kaputt waren. Neue Schuhe wurden zum Rutschen über den Boden und zum Bearbeiten von Holz verwendet, so dass sie nach zwei Tagen aufgeplatzt und desolat waren. Tapeten wurden abgerissen, Kissen zerschnitten, Heizkörper aus der Wand gerissen, Bücherregale ebenso abgebrochen wie Türgriffe oder Schranktüren, Wasch-, Trocken- und Spülmaschinen kaputt gemacht durch unbefugtes Benutzen und Entgegendrehen eines Knopfes. Es kam vereinzelt vor, dass neue Hosen zerschnitten wurden, weil das Kind ein Stück Stoff davon zum Basteln haben wollte. In Anbetracht meiner hohen Kinderzahl bei begrenztem Einkommen bescherte mir dieses Verhalten immer wieder schlaflose Nächte, in denen ich sorgenvoll hin- und herrechnete, um einen finanziellen Ruin zu verhindern.

Im Jahr 2004

Ich hätte mir nie vorstellen können, dass ich einmal das Opfer einer jahrelangen Verleumdungskampagne werden sollte. Der Alptraum fing zu Beginn dieses Jahres an.

Im Morgengrauen schellt es, wir öffnen die Tür, das Anwesen ist umstellt. Zwölf Polizisten durchkämmen jeden der 50 Räume in Euskirchen sowie eine Nebenwohnung. Sie zeigen einen Hausdurchsuchungsbefehl mit an den Haaren herbeigezogenen Verdächtigungen. Ich bin mir keiner Schuld bewusst, habe lediglich aus humanitären Gründen kranke Äthiopierinnen, Verwandte meiner Kinder, ohne Aufenthaltsgenehmigung bei mir gesund gepflegt. Als sie gesund waren, wollten sie nicht wieder in ihre Heimat. Auf normalem Weg hätten sie jedoch kein Asyl bekommen: Sie hatten zwar unter ärmlichsten Bedingungen gelebt, aber sie waren nicht politisch verfolgt worden. Daher hatten sie erwogen, europäische Männer zu heiraten, um ein Bleiberecht zu erlangen. Dies zerschlug sich. Als sie daraufhin den Ausweisungsbeschluss bekamen, hörten sie von der Möglichkeit, als Opfer von Gewalt ein Bleiberecht bekommen zu können. So behaupteten sie, bei mir eingesperrt, ausgebeutet und misshandelt worden zu sein und versicherten, dass dies auch für die Kinder in meiner Familie zuträfe. Auf diese Weise begann die Serie haarsträubender Unterstellungen.

Ich kooperiere. Habe mir nichts vorzuwerfen, außer praktizierter Nächstenliebe.

Kistenweise werden Zeugnisse, Dokumente, Impfpässe, Tagebücher, ärztliche Atteste, Fotos, Liebesbriefe, der Computer mit Gebeten usw. abtransportiert.

Die Zeit danach: der reinste Horror. Verleumdungen, Lügen, falsche Anschuldigungen. Hier nur ein Beispiel. Einmal hieß es, ich hätte ein sechs Monate altes Baby eine Stunde im Mittelgang der Kirche knien lassen, weil es in der Nase gebohrt hätte. Abgesehen davon, dass ein Baby in dem Alter noch gar nicht knien kann, stimmte dies natürlich nicht. Ein fast erwachsener Adoptivsohn hatte sich lediglich zwei Minuten während der Wandlung – wie es in der katholischen Kirche üblich ist – außerhalb der Bank hingekniet, weil die Kirche überfüllt war. Mir jedoch bereitete diese abstruse Behauptung eine Menge Arbeit (genau gesagt drei Wochen), weil ich für die Richtigstellung sorgen musste. Unser Ortspfarrer, die Organistin und unzählige Gemeindemitglieder gaben eidesstattliche Versicherungen ab, dass sie uns in jenem Gottesdienst wie üblich ganz normal in der Kirche gesehen hätten und etwas Derartiges nie vorgekommen sei. Bei Ermittlungen wurden Menschen instrumentalisiert, geistig behinderte und kaum deutsch sprechende Kinder manipuliert. Wenn sie erzählten, dass sie bei mir glücklich seien und wie wohl sie sich fühlten, wurden ihnen Lügen unterstellt. Schiere Verzweiflung. Ich fühle mich verlassen.

Alles wird verdreht. Man zweifelt meine Qualifikationen an und überprüft alles. Man zweifelt die Behinderungen von Kindern an und überprüft alles. Man bezweifelt meine Hilfsbereitschaft und versucht auch mit unlauteren Mitteln, Druck auf mich auszuüben. Das Briefgeheimnis wird verletzt. Sogar alte Liebesbriefe aus meiner Mädchenzeit werden laut vorgelesen, um meine Intimsphäre zu beschädigen. Ich werde seelisch misshandelt. Soll etwas gestehen, obwohl es überhaupt nichts zu gestehen gibt. Ich kann nur die Wahrheit sagen. Weitere Vergewaltigung meiner Seele. Der Druck wird stärker.

Die Demütigungen nehmen zu.

Angst frisst mich auf.

Tag für Tag, Monat für Monat.

Zum Glück ahnte ich nicht, dass dieser Horror noch einige Jahre dauern würde.

Im Jahr 2005

Jetzt wird plötzlich der Versuch unternommen, aus dem nachweisbaren Ausfall des Temperaturreglers im Jahr 1999, der zu den Verbrennungen meines schwerbehinderten Sohnes geführt hatte, eine bewusste Körperverletzung zu konstruieren. Die Heizungsanlage war zwar kurz vorher noch gewartet worden, der Monteur bezeugte den plötzlichen Defekt, entsprechende Rechnungen lagen als Beweis sogar beim Finanzamt vor. Der schwer beeinträchtigte und nunmehr erwachsene Sohn wurde gegen seinen Willen zum Verhör geschleppt, obwohl er kaum laufen und sprechen kann. Rechte gab es für uns nicht. Die Angst lähmte, etwas Falsches »angehängt zu bekommen«. Der Sohn wurde zur Anhörung von mir getrennt, man versuchte, Negatives aus ihm herauszulocken. Er verstand nicht viel, war aber aufgebracht und ließ sich nicht davon abhalten, aus dem Zimmer des Verhörenden zu rennen und zu mir auf den Flur zu kommen: »Mama, du lieb, du lieb.« »Schatz, geh ruhig wieder hinein. Ich warte draußen. Hab keine Angst. Ich hab dich auch lieb.«

Im Jahr 2006

Weil der Heizungsdefekt bewiesen war, wurde der Vorwurf der schweren Körperverletzung fallen gelassen. Ohne meinen geistig und körperlich schwerbehinderten Adoptivsohn und seine körperlichen Kräfte zu kennen, meinte ein Offizieller, dass ich ihn einige Sekunden schneller hätte aus der Dusche ziehen können. Für die Einstellung des Verfahrens hatte ich zweitausend Euro zu zahlen. Ich erklärte mich damit einverstanden, weil die Kosten für weitere Rechtsschritte höher gewesen wären und meine finanziellen Möglichkeiten sich wegen der Ausgaben im Verfahren um die Kinder allmählich erschöpften.

Aber ich blieb wütend, weil sich Menschen, die selbst nicht mit Schwerstbehinderten zusammenleben, ein Urteil darüber erlauben wollen, mit welcher Kraft sich im Einzelfall ein geschockter und desorientierter behinderter junger Mann wehren kann, wenn man ihn aus der Dusche ziehen will. Über einhundertundfünfzig positive eidesstattliche Versicherungen und detaillierte Aussagen von Lehrern, Therapeuten, Ärzten, Priestern, Ordensleuten, Schulbetreuern und Freizeitpädagogen finden keine Würdigung. Selbst exzellente Gutachten von unabhängigen Experten, die das Gericht selbst in Auftrag gegeben hat, werden verworfen oder finden keine Berücksichtigung. In meiner Verzweiflung kommen Gedanken an andere vergangene gesellschaftliche Systeme auf. Wo ist Gott? Hier ist die schiere Hölle. Erstarrung. Herzattacken nach nächtelangem Durcharbeiten. »Ich will. Das Wort ist mächtig.« Ich muss durchhalten. Ich will, muss und kann die falschen Anschuldigungen entkräften. Die Kinder brauchen mich. Es muss alles gut werden.

Meine Mutter kommt ins Krankenhaus. Sie stirbt. Erschöpfung, keine Möglichkeit, auszuruhen. Auch ein Freund stirbt in meinen Armen. Ohnmacht. Trauer. Und der Kampf geht immer noch weiter. Nichts anderes im Blick habe ich als Gerechtigkeit. Doch die wird mir nicht geschenkt. 100 000 Euro kostet der jahrelange Kampf um Rehabilitation. Finanzieller Ruin. Doch ich gebe nicht auf. Habe in hundert Stunden nur vier Stunden Schlaf. Schreibe jede Nacht Argumente und Beweise. Gebe sie zur juristischen Überarbeitung an die Rechtsanwälte. Muss wieder zahlen. Was ist mit uns? Sollen wir verhungern oder verlieren? Sorgen. Unzählige schlaflose Nächte. Morgens zeige ich den Kindern ein lächelndes Gesicht, mittags mache ich mit ihnen Hausaufgaben, nachmittags spiele ich und abends bete ich mit ihnen. Totale Erschöpfung. Doch die Kinder brauchen mich.

In all den vielen, anstrengenden Jahren hat es nur einmal eine Situation gegeben, in der ich mich nach etlichen Tagen hochgradigen Schlafmangels fast am Ende fühlte. Es war gegen Abend, ich war mutlos und kraftlos. Ich meinte, nicht weiter zu können und nicht weiter zu wollen. Mir kam ein Gedichtvers von Goethe in den Sinn, verbunden mit einer eigenartigen Sehnsucht… »Ach, ich bin des Treibens müde … süßer Friede, süßer Friede, komm, ach komm in meine Brust.« Nach einigen Minuten des Tiefs rief ich mir ins Bewusstsein, dass ich eigentlich stark bin und Krisen überwinden kann. Ich nahm Blatt und Stift und schrieb die Stufen auf, nach denen ich jetzt systematisch vorgehen würde:

So überwand ich mein persönliches Tief

Zunächst würde ich meine Arbeit unterbrechen, mich um jemanden kümmern, der sich für einige Stunden statt meiner der Kinder annähme, um mich auch einmal »ausklinken« zu können. Dann würde ich mir ein warmes Bad mit duftenden Essenzen gönnen, Räucherkerzen und Lichter anzünden und eine Musik hören, die meine Stimmung aufhellen würde. Ich würde ein Brot mit überbackenem Käse essen und dann Schokolade genießen. Daraufhin wollte ich malen, meine Gefühle durch Form und Farbe ausdrücken, um schließlich, mit wieder klarem Verstand, ein Buch zu lesen, und früh zu Bett gehen. Nachdem ich all das wie geplant getan hatte, fühlte ich mich wie neu geboren und konnte mit frischer Kraft um die Gerechtigkeit kämpfen, die mir und den Kindern zustand.

Natürlich ist es für mich hart, dass meine Mutter meine Rehabilitierung oder die Anerkennung für mein Tun in der Öffentlichkeit nicht mehr erleben konnte. Ich bedaure das sehr. Aber ihr Tod schenkte mir auch wieder Grenzerfahrungen. Als sie im Sterben lag, hatte sich die Familie um sie versammelt, um sich von ihr zu verabschieden. Jeder konnte Mutter noch sagen, was ihm wichtig war – und nachdem sie gestorben war, bin ich lange bei ihr sitzen geblieben, habe meinen Kopf auf ihre Brust gelegt. Dieses Ausruhen hat mir gutgetan. Trotz der Trauer hatte das auch etwas Wohltuendes für mich. Mir kam in den Sinn, dass ich zwischendurch auch gerne einmal in den Arm genommen werden würde, um auszuruhen und hin und wieder etwas Bestätigendes zu hören. Natürlich schmusen die jüngeren Kinder mit mir, aber dann ist der Auslöser dafür ihr Bedürfnis und nicht meine Bedürftigkeit. Bedürftig sein kann ich vor Gott – auch eine erlebte Höhe. Aber jeder weiß, dass Nähe und Glück kein Alltag sind, sondern feierliche und seltene Momente.

Im Jahr 2007

Meine Kinder laufen auf mich zu: »Mama, die Kinder auf dem Schulhof haben uns beschimpft. Sie sagen, es würde uns schlecht gehen bei dir. Du wärst böse. Wir müssten alle in ein Heim.«

Wir alle hatten Albträume und konnten nicht mehr schlafen. Etliche Kinder wachten nachts schreiend auf, weil sie geträumt hatten, von mir weggerissen zu werden. Auch ich höre das Tuscheln hinter meinem Rücken. Meine Ämter als Schulpflegschaftsvorsitzende von drei Schulen legte ich nieder, auch andere Engagements für Schulkonferenzen und Klassenpflegschaften, weil ich einfach keine Zeit mehr hatte und meine ganze Kraft benötigte, um gegen die Verleumdungskampagne anzugehen. Immer wieder wird eine neue Lüge in die Welt gesetzt, und ich benötige 10 bis 14 Tage, um sie mit Beweisen und Zeugen zu widerlegen.

Im Jahr 2008

Ich schaffe es, den äthiopischen Frauen zu verzeihen. Jahrelang erhielten sie als vermeintliche Zeugen eine Bleibemöglichkeit und nutzten die Zeit, um teilweise mit deutschen und anderen bleibeberechtigten Männern Babys zu zeugen oder ihre Zukunft auf andere Weise über Kinder zu sichern und auf Dauer in Deutschland zu bleiben. Mittlerweile kann ich ihnen tatsächlich ehrlichen Herzens Gottes Segen wünschen. Die Frauen hatten die Folgen ihrer Aussagen nicht einschätzen können und auf Menschen gehört, die nicht an das Gute zu glauben vermocht hatten. Nur dass sich niemand entschuldigt hat bei mir, macht mich etwas traurig.

Ich bin zwar glücklich über die positive Entwicklung eines jeden Kindes, aber mein Glück hält sich in Grenzen, wenn ich an das Ordnungsverhalten denke. Ich bin betrübt, weil Schulmäppchen mitunter bereits nach zwei Tagen keine Radiergummis, keine Füller und Stifte mehr enthalten. Schulbücher werden von einigen Kindern beschmiert, zerfetzt oder gehen verloren. Generell sind die Heizkosten exorbitant hoch, weil trotz aller Ermahnungen und Kontrollen die Kinder nicht sorgfältig mit dem zwischenzeitigen Herunterdrehen der Heizung sind. Ich fürchte die vielen Handwerker- und Reparaturrechnungen. Es wird zwar ständig besser, aber die Lernschritte sind manchmal kleiner als erhofft und die Entwicklungsprozesse langwierig.

Nach monatelangem Studium der psychologischen Gutachten, nach eingehender Beweissicherung und Ortsterminen der Juristen in unserem Anwesen mit Besichtigung und Einzelgesprächen hinter verschlossenen Türen, kommt ein Kind voll Freude von einer Befragung zu mir und sagt: »Mama, die

Richter vom Oberlandesgericht haben uns endlich einmal zugehört. Und uns nicht das Wort im Mund verdreht. Sie haben uns nicht als Lügner hingestellt.«
Dann endlich auch Erfolg in der höheren Instanz. Die Kinder freuen sich, obwohl sie noch verstört sind. Jahrelange Beschimpfungen und Ausgrenzungen haben ihre Spuren hinterlassen. Was nützt ein Sieg, wenn am Boden Trümmer liegen?
»Ich will. Dies Wort ist mächtig.« Meine Mutter kann den Satz nicht mehr aussprechen, aber ich kann ihn leben. Ich will also auch die Trümmer wegräumen. Was habe ich meinen Kindern stets gesagt? »Nach jedem Tod gibt es ein Auferstehen.« Also stehe ich auf, packe an, mache weiter.

Nachdem es den positiven Beschluss gelesen hat, dass alle Kinder bei uns verbleiben können, sagt ein älteres Kind: »Alle drei Richter haben festgestellt, dass es uns sehr gut geht bei dir. Ob ich jetzt wieder besser schlafen kann? Ob wir jetzt von anderen Kindern nicht mehr bloßgestellt und ausgelacht werden? Ob wir jetzt endlich wieder normal leben können?«

Magdalena kommt angerannt: »Der Film über uns im Fernsehen ist schön. Jetzt können alle hören, wie es wirklich ist. Du warst mutig. Hast Leben gerettet. Hast mir geholfen zu lernen. Ich bin stolz auf alles, was ich jetzt kann. Ich will viel lernen und später auch anderen Menschen helfen.«

In diesem Jahr bin ich mit zwei älteren Kindern nach Äthiopien gefahren. Es machte mich glücklich zu sehen, wie die leibliche Mutter meiner Adoptivtochter sich über das Einlösen meines Versprechens gefreut hat. Und dass sie feststellen konnte, wie positiv unser gemeinsames Kind sich entwickelt hat. Sie war stolz über meine Freundschaft zu ihr. Ich war glücklich zu sehen, wie die leibliche Mutter meines Adoptivsohnes sich gefreut hat, anlässlich ihrer unheilbaren Erkrankung ihrem Jungen noch einmal zu begegnen. Sie beobachtete das große gemeinsame Kind, das kein Kind mehr war. Sie ließ alle Bekannten und Freunde kommen und genoss deren Bestätigung, seinerzeit eine richtige Entscheidung getroffen zu haben. Sie wärmte sich in meiner Zuneigung zu ihr. Sie war zufrieden.

Ich war glücklich zu sehen, dass ein kleines HIV-infiziertes Mädchen immer noch lebte, sich über das mitgebrachte Schulmaterial freute, mit mir zählen übte, ein Bild für mich malte, seine Puppe noch nicht hatte verkaufen müssen. Mitunter sind es scheinbare Kleinigkeiten, die für Höhen oder Tiefen sorgen. In der Öffentlichkeit wird mein Engagement gesehen. Anerkannt. Wertgeschätzt.

In der Schule kommen zwei Mütter von Schülern auf mich zu: »Herzlichen Glückwunsch. Wie schön, dass alles gut geworden ist.« Fein, dass sie es gut mit mir meinen, aber ich bezweifle, ob jemals alles wieder richtig gut werden kann. Dazu ist während all der Zeit zu viel zerschlagen worden. Dafür sind Hirne und Seelen Tag für Tag, Monat für Monat, Jahr für Jahr zu stark mit Gift infiltriert worden. Leider sind meine Kinder auch nach wie vor misstrauisch, die negativen Beeinflussungen wirken fort und machen sich vor allem in der Pubertät bemerkbar.

Ich habe gelesen, dass viele Menschen nach einem Einbruch das Gefühl von Sicherheit in der eigenen Wohnung verloren haben. 90 Prozent der Einbruchsopfer haben Angst vor einem weiteren Einbruch. Nur jeder Dritte hält sich nach der Tat noch gerne in seiner Wohnung auf. Ich stelle fest, dass es mir noch Jahre nach der Hausdurchsuchung und den täglich unangemeldeten Kontrollbesuchen in unserem Haus ebenso ergeht. Ich fühle mich nicht mehr sicher.

Im Jahre 2009

Verzeihen macht stark

Ich habe mich durchgerungen zu verzeihen. Ich verzichte auf gerichtliche Schritte wegen Kindeswohl schädigenden Drucks auf meine Kinder, wegen Rechtsbeugung, Verletzung des Briefgeheimnisses und vielem mehr. Auch gegen die Falschaussage von Zeugen gehe ich nicht vor. Verzeihen macht frei. Die anderen und mich selbst auch. Ausblick. Neuanfang.

Weitere Auswirkungen

Die Angst bleibt. Die Unsicherheit bleibt. Der Albtraum neuer psychischer Vergewaltigung bleibt. Im weit entfernten Ausland, bei Vorträgen dort, fühle ich mich sicherer als in meinem Anwesen. Fern meines ursprünglichen Zuhauses kann ich mich für einige Stunden oder Tage unverletzlicher fühlen, aber leider kommt das nicht häufig vor. Meine Einsamkeit und den verbleibenden Schmerz kompensiere ich durch Malen, Schreiben, Dichten, Lesen, Musik hören. Während einer Kurzreise, bei der ich zwar häufig arbeite, habe ich mehr Privatsphäre als nach dem Einbruch daheim.

Alles im Leben hat Konsequenzen. Wenn ich etwas tue, folgt daraus etwas, und wenn ich nichts tue, folgt daraus etwas anderes. Wichtig ist, die Verantwortung für das eigene Handeln zu übernehmen. Es ist sinnlose Energie- und Zeitverschwendung, sich damit zu beschäftigen, was man in dieser oder jener Situation hätte besser machen können. Handeln entspricht in einer bestimmen Situation den eigenen psychischen Möglichkeiten, Fähigkeiten und dem Einsichtsvermögen. Vor diesem Hintergrund versuche ich, meine eigenen Fehler wie die der Mitmenschen in einen Gesamtzusammenhang einzuordnen und daraus zu erkennen und zu lernen, was von mir zukünftig besser gemacht werden könnte.

Tatsächlich einsehen kann ich lediglich, dass ich in meinem sozialen Engagement mitunter übers Ziel hinausgeschossen und wenig diplomatisch gewesen war. Außerdem hatte ich mich nicht kompromissbereit im Punkt »Menschlichkeit« gezeigt.

Glück, Rückzugsmöglichkeiten und Vorbeugung

Glücksmomente und Hochs erlebe ich in erster Linie, wenn ein Kind Selbstbewusstsein erlangt hat, seine Stärken kennt und in altersgemäßer Weise seine Schwächen nicht verleugnet. Höhen erlebe ich, wenn ich gemeinsam mit meinen Kindern und meinem Team gute Ideen entwickle und die Kinder zufrieden sind. Für mich bedeutet es auch immer wieder ein kleines Glück, wenn ich nicht alles allein machen muss. Mittlerweile kann ich viele Alltagsangelegenheiten wie Fahrten, Klassenpflegschaften, Schwimmaktionen, Einkäufe, Einzelförderungen und mehr an meine erwachsenen Töchter delegieren, die bei mir mitarbeiten. Ausgenommen sind lediglich Elternsprechtage.

Höhen erlebe ich auch, wenn ich Vorträge halte und berate. Da ich in der Regel 14, 16 oder 18 Stunden arbeite, in Einzelfällen tatsächlich auch 22 oder 24 Stunden, wenn wegen kranker Kinder oder Ausarbeitungen Schlaf entfällt – genieße ich meine seltenen Abwesenheiten. Ich bin zwar für meine Kinder immer erreichbar und telefoniere täglich mit allen zu einer festgesetzten Zeit bei laut gestelltem Apparat, egal, auf welchem Kontinent ich bin, aber ich fühle mich freier und weniger eingespannt in ein Zeitkorsett. Ich genieße die neuen Impulse. Jede Stunde, die nicht fest verplant ist, macht mich euphorisch. Höhen erlebe ich auch, wenn ich male, dichte, schreibe, allein ein Museum besuche und mich ausschließlich nach mir richten kann. Tanzen würde ich gerne, doch der Partner fehlt. Auch mit den gelegentlichen Verletzungen durch heranwachsende Kinder muss ich fertig werden. Ein Brunnen, aus dem viele Menschen schöpfen können, muss immer wieder mit Wasser gefüllt werden. Eine wesentliche Kraftquelle sind meine Religiosität, die Kunst, das Reisen, trotz der Kombination mit Arbeit. Selten lasse ich auch Tränen freien Lauf – gerne im Auto, wenn mich keiner sieht oder allein in meinem Bett.

Um neuen Verleumdungskampagnen vorzubeugen, gestatte ich mittlerweile seriösen Medien, die ich aus Unmengen von Anfragen auswähle, etwas über mich und meinen aktuellen Einsatz für bedürftige Kinder in Äthiopien und die Hilfsprojekte dort zu veröffentlichen. Auch halte ich heute engen Kontakt zu den Ämtern, begründe ungefragt meine Handlungsweisen und suche Konsens.

Resümierende Gedanken und Zukunftsperspektiven

Meine bunte Vergangenheit und erhoffte neue Möglichkeiten. Leistungen und Versäumnisse. Mein Wunsch nach weniger Belastung, um mich weiterhin für Menschlichkeit und Lebensrettung einsetzen zu können.

Reflektionen über die Vielfalt meines familiären und individuellen Lebens

Meine Mutter erwartete von mir, dass ich mich in jeder Lebenslage absolut unter Kontrolle hielt. Häufig spielte sie Lieder aus der Operette »Immer nur lächeln« und betonte, wie wichtig es sei, sich beherrschen zu können und seine Verletzbarkeit nicht zu zeigen. Ihr Training war so erfolgreich, dass die meisten Menschen mich für unnahbar und stolz hielten. Bewusst beibehalten habe ich die Fähigkeit, mich trotz Erschöpfung diszipliniert und freundlich anderen Menschen gegenüber zu verhalten. Bewusst abgelegt habe ich den Zwang, nicht verletzlich sein zu dürfen. Ich bin stark und schwach, ich bin groß und klein, und ich bin verletzlich wie jeder andere Mensch.

Ich bin meinen Eltern dankbar, weil sie mir ihre Liebe, Anerkennung, Wertschätzung zeigten und mir eine stabile Bindung ermöglichten mit einem Zuhause, das Geborgenheit und Sicherheit bot. Dass meine Eltern stets Interesse für mich und Anteilnahme für mein ungewöhnliches Leben aufbrachten, rechne ich ihnen hoch an. Ich bin dankbar, dass ich das meiner Mutter auf dem Sterbebett sagen und auch zu ihren Lebzeiten mehrmals betonen konnte. Ich freue mich, dass mein hochbetagter Vater stolz darauf ist, dass meine Arbeit jetzt von der Öffentlichkeit anerkannt wird.

In meiner Kindheit wurde mir vermittelt, dass Streiten schlecht ist. Nie habe ich bei meinen Eltern Auseinandersetzungen erlebt. Als jung verheiratete Frau glaubte ich deshalb, dass unterschiedliche Auffassungen bereits Zeichen für eine nicht funktionierende Partnerschaft seien – ein fataler Irrtum, wie ich später merkte. Durch meine Zeit als Novizin war ich so sehr von einem Leben der Hingabe geprägt, dass ich sehr viele Jahre später sogar heiratete, um den Betreffenden zu helfen – ebenfalls fatal, weil Ehen einer anderen Grundlage bedürfen. Zudem war ich eine sehr naive Idealistin ohne jede Lebenserfahrung. Heute bin ich viel kompromissbereiter. Ich denke, dass es durchaus Gründe geben kann, um mit einem Ehepartner in einer gewissen Distanz zu leben, beispielsweise in getrennten Zimmern oder in einer Wochenendbeziehung. Wichtig scheint es mir, freundschaftlichen Kontakt zu pflegen und die Kinder gemeinsam zu erziehen.

Nächstenliebe, Hilfsbereitschaft und Partnerschaft

Nächstenliebe ist gut. Nächstenliebe ist nötig. Nächstenliebe verbessert die Welt. Trotzdem birgt sie eine Falle, in der auch ich viele Jahre steckte. In den vielen Jahren intensiver christlicher Sozialisation wurde mir und vielen anderen engagierten Christen nämlich hauptsächlich vermittelt, den Nächsten zu lieben. Dabei entfiel weitgehend der Zusatz »wie dich selbst«. Daraus entwickelte sich das Bewusstsein, das Gefühl, der Druck, immer und jederzeit für alle Mitmenschen verfügbar sein zu müssen – bis zur Selbstverleugnung.
Absolut verkannt hatte ich die Tatsache, dass auch vermeintlich Schwache Druck ausüben können. Hilfsbereite Menschen können dadurch ausgesogen werden, vor allem wenn sie unter dem Postulat der Nächstenliebe aufwuchsen. Ich brauchte viel Zeit, um mir das bewusst zu machen und gegenzusteuern.

Wenn ich auf bedürftige Menschen stieß, hatte ich mich durchaus nach anderen Helfern umgeschaut. Wenn sich niemand fand, fühlte wieder ich mich verpflichtet, selbst tätig zu werden, denn ich wollte mich nicht vor Gott dafür verantworten müssen, Menschenleben durch mangelnden Einsatz meinerseits aufs Spiel gesetzt zu haben. Denn in mein Herz tief eingebrannt ist der Satz aus der Bibel: »Was du dem Geringsten meiner Brüder tust, das hast du mir getan bzw. was du nicht dem Geringsten meiner Brüder tust, das hast du auch mir nicht getan.« Der Lernprozess des ausgewogeneren Helfens nahm einen langen Zeitraum ein. Ich machte zwar Fortschritte, doch wenn es um Erwachsene ging, denen ich emotional zugewandt war, fiel ich häufiger in alte Verhaltensweisen zurück. Diesen gegenüber konnte ich mich schwerer abgrenzen, weil ich deren Veränderung durch zunehmende Entwicklung ihrer Persönlichkeit nur schlecht einschätzen konnte. Dies ist ein wesentlicher Grund dafür, dass es mir nicht gelang, meinen Kindheits- und Jugendtraum von einer lebenslangen Partnerschaft zu realisieren. Bei Kindern dagegen hatte ich dank meiner speziellen Kenntnisse nie Probleme, für sie konnte ich die in gewissem Maß erforderliche neutralere Sicht bewahren und viele Erfolge verzeichnen.

Dankbarkeit, wie ich sie verstehe

Viele glauben, dass ich für das, was ich erreichen konnte, auch eine emotionale Ernte einfahren kann. Dem ist nicht so, und ich habe eine eigene Einstellung zu diesem Thema. Während ich als junges Mädchen gegen meine Eltern opponierte, konnte ich als Heranwachsende und Erwachsene ihnen gegenüber zunehmend Dankbarkeit zeigen. Ich finde, dass Eltern sich bei ihren Kindern und Kinder bei ihren Eltern bedanken sollten – unabhängig davon, ob es sich um leibliche Kinder handelt oder um angenommene. Ich meine keine devote Dankbarkeit, sondern ich meine die partnerschaftliche Dankbarkeit, die anzuerkennen vermag, welche Werte, Maßstäbe und Lernmöglichkeiten geschenkt wurden. Es gibt gravierende

Unterschiede bei der Erziehung von Kindern und deren Aufwachsen. Nicht nur hier, sondern in den meisten Ländern. Dies hat ursächlich auch nichts mit den materiellen und finanziellen Möglichkeiten zu tun. Entscheidend ist, ob Kinder als Geschenk gewürdigt und wertgeschätzt werden. Der muslimische Vater, der die Heirat seiner Tochter arrangiert, kann deren Ablehnung gegen einen bestimmten Mann berücksichtigen. Der kenianische Vater, der seinen Sohn aufs Feld schicken will, ist in der Lage, auf dessen Sehnsucht nach Lernen einzugehen – zumindest im Rahmen seiner Möglichkeiten.

Viele Menschen denken, dass der Lohn meines Engagements auch die Dankbarkeit der Kinder sei. Das ist schierer Unsinn. Jedes Kind hat das Recht auf ein menschenwürdiges Leben, auf Schutz und auf Förderung seiner Persönlichkeitsentwicklung. Dafür muss es wirklich nicht dankbar sein. Glücklicherweise ist kein Adoptivkind dankbar, sobald es integriert ist: Es hat Wünsche und stellt Forderungen an die Eltern und an die Umwelt wie jedes andere Kind auch. Während seines Aufwachsens werden ihm seine neuen Lebensbedingungen vollkommen selbstverständlich, so dass es auch gar nicht auf die Idee käme, für gute Bedingungen oder spezielle Förderungen dankbar zu sein. Heranwachsende widersetzen sich naturgemäß, kritisieren die Erziehenden, opponieren. Sie haben ihre eigenen Vorstellungen und schimpfen mitunter über aufgestellte Regeln, die es in irgendeiner Form in jeder Familiengemeinschaft gibt, ob gute oder schlechte. Dabei macht es kaum einen Unterschied, ob es sich um leibliche oder angenommene Kinder handelt. Adoptivkinder hinterfragen jedoch häufig kritisch die Gründe ihrer Annahme oder erträumen sich bei Konflikten vermeintlich verständnisvollere Eltern, die lediglich auf ihren Fantasien beruhen und keiner Realität standhalten.

Sofern Kinder überhaupt jemals Dankbarkeit empfinden und äußern, tun sie das höchstens als Erwachsene, wenn sie in der Lage sind, Liebe, Hingabe, Einsatz und Erziehungsziele ihrer Eltern zu erkennen und wertzuschätzen. Geschenke, kindliche kleine Liebesbeweise sind Beweise einer momentanen Verfassung, haben aber mit Dankbarkeit nichts zu tun. Hier gleichen sich angenommene und leibliche Kinder. Liebe zu den Eltern fühlen Kinder zumeist, doch Dankbarkeit liegt ihnen fern. Als Mutter ist man froh, wenn die Kinder Verständnisbereitschaft zeigen, wenn man sie davor bewahren will, zu fremden Leuten ins Auto einzusteigen oder zu lange aufzubleiben, schädliche Filme anzusehen, zu rauchen, zu trinken, in der Schule aufsässig zu sein oder unsoziales Verhalten zu zeigen. Ich bin dankbar, wenn Kinder mir vertrauen. Ich bin dankbar, wenn sie sich auf mich einlassen. Denn nicht nur ich erziehe meine Kinder, sondern meine Kinder erziehen auch mich.

Liebe ist nicht statisch

Während jeder gesunde Heranwachsende nach Unabhängigkeit strebt und sich – mitunter auf wenig rücksichtsvolle Weise – lösen will, ist man als Mutter verletzlicher, weil man für das Kind in jeder Lage versuchte da zu sein und es ohne jeden Vorbehalt liebte. Ich kann absolut nicht sagen, dass ich meine leiblichen Kinder auch nur im Geringsten mehr liebe als meine angenommenen Kinder oder jene mehr als die leiblichen. Wenn Eltern jedoch behaupten, all ihre Kinder in gleichem Maß zu lieben, so glaube ich das einfach nicht.

Auch bei besten sozialen und emotionalen Bedingungen müssen sich Eltern mitunter eingestehen, dass sie mit dieser oder jener Wesensart des einen Kindes besser klarkommen als mit dem Charakter des Geschwisterkindes. Affinitäten, jedoch auch eine Andersartigkeit, können Beziehungen vereinfachen. Manche Mütter fühlen sich zu behinderten Kindern mehr hingezogen, weil sie schutzbedürftiger sind. Andere Eltern haben Prioritäten zum gleichen oder anderen Geschlecht. Es gibt keine Regel, es gibt kein Rezept. Nur eines gilt: Beziehungen, also auch Liebesbeziehungen zwischen Eltern und Kindern, sind fließend und einem ständigen Prozess unterworfen. Meine Kinder haben unterschiedliche Temperamente und kommunizieren und verhalten sich natürlich auch auf ihre ganz individuelle Weise. Ich selbst bin eher extrovertiert, lebhaft und offen. Mein ältester Sohn sowie zwei meiner angenommenen Kinder sind überwiegend introvertiert, still und verschlossen. Obwohl sie auf ihre Art durchaus etwas zu bieten haben, kommen sie deswegen bei ihren Mitmenschen oft weniger gut an, trotz ihrer Intelligenz und Leistungsfähigkeit. Jede menschliche Beziehung ist Schwankungen unterworfen – jede Ehe, jede Freundschafts-, Verwandtschafts-, Geschwisterbeziehung wie jede Eltern-Kind-Beziehung. Es gibt in allen Verbindungen Konflikte, Streit, Enttäuschung, Verletzungen, ekstatische Glücksmomente, Begeisterung füreinander, Bewunderung, Anerkennung, Wertschätzung, Freude, Zärtlichkeit. Ich bleibe glaubwürdig, wenn ich zugebe, dass ich meine Kinder zwar immer liebe, dass die individuelle Nähe zu den einzelnen aber differieren und sich entwickeln kann. Beide Seiten sollten an der Ausgestaltung der Beziehung mitwirken.

Für Eltern ist es machmal nicht einfach, dass sich Heranwachsende von den Menschen lösen wollen, mit denen sie leben, die sie erziehen. Es ist also ganz natürlich, dass jedes Kind in der Pubertät die Normen, Regeln und Werte infrage stellt, mit denen es aufwächst – unabhängig davon, wie gut oder schlecht sie sind. Es ist ebenso normal, dass jeder Heranreifende die Menschen, die ihm vormals Vorbilder waren, kritisiert, sich gegen sie auflehnt. Zeitweise schießt er möglicherweise übers Ziel hinaus, lässt kein gutes Haar an den Menschen, die ihn bis dahin begleitet und unterstützt haben und opponiert um der Opposition willen. Auch das ist für eine gewisse Zeit in Ordnung.

Eine gestörte Bindungsfähigkeit eines Kindes zeigt sich jedoch, wenn es einen Großteil seiner Kräfte über einen langen Zeitraum gegen die Menschen richtet, die ihm objektiv Liebe, Wertschätzung und Förderung entgegengebracht haben, wenn es extrem aggressiv reagiert oder kriminell wird. Hier als annehmende Mutter weiterhin zur Verfügung zu stehen und immer wieder die Hand zu reichen, ist nicht einfach.

Adoptivmütter sind oft von einer engen Bindung überzeugt, weil sie selbst ihr Kind lieben. Dass sie sich mitunter getäuscht haben, zeigt sich dann, wenn ein älteres, mit massiven Hypotheken belastetes Kind nach seiner Reifezeit keinen Kontakt mehr mit der Mutter sucht. Ein solches Verhalten kann für Eltern sehr verletzend sein und ist schwer zu verarbeiten, aber es kommt häufiger vor.

Adoptiveltern sollten sich unbedingt darüber im Klaren sein, dass ihre Liebe keineswegs immer ausreicht, um frühkindliche Verletzungen aufzuarbeiten. Auch eine mögliche Distanzlosigkeit des Kindes muss richtig eingeschätzt werden. Ich wundere mich über die Naivität von Menschen, die von der Reise aus irgendeinem Elendsgebiet kommen und erzählen, die Kinder dort hätten sie fröhlich angelacht und seien auf sie zugekommen. Dies ist ein Alarmsignal, weil es Distanzlosigkeit oder Berechnung bedeuten kann. Ich habe dies in Seminaren immer wieder thematisiert und zukünftige Adoptiveltern auf ein möglicherweise gestörtes Bindungsverhalten ihrer potenziellen Kinder vorbereitet. Doch auch bei ganz normaler Bindung und Sozialisation ist, wie bereits erwähnt, der Einfluss von Cliquen, Schulkameraden und Außenstehenden mitunter sehr groß und kann Brüche begünstigen.

Häufig werde ich zu Adoptionen befragt. Obwohl ich eine begeisterte Mutter bin und jedes meiner Kinder – in einem Prozess, der individuell von unterschiedlicher Dauer war – liebend angenommen habe, halte ich eine Adoption für das Mittel der zweiten Wahl; ich denke, dass ein gelingendes Zusammenleben von leiblicher Mutter und Kind Priorität haben muss. Es kann jedoch sein, dass trotz aller Unterstützung vor Ort eine leibliche Mutter nicht willens oder nicht in der Lage ist, ihr Kind bei sich zu behalten, es zu schätzen und seinen Bedürfnissen gemäß zu erziehen und zu fördern. Dann kann eine Kindesannahme sinnvoll sein. Dabei ist es jedoch für die Integration des Kindes entscheidend, welche Hypothek es mitbringt, und das Alter des Kindes spielt eine entscheidende Rolle. Ich habe festgestellt, wie leicht sich annehmende Eltern täuschen und das glauben, was sie glauben möchten. Zum Glück werden durch Jugendämter zunehmend pädagogische Einführungskurse für potenzielle Adoptiveltern angeboten. Trotzdem werden spätere Beziehungsstörungen, die erst während der Reifezeit auftreten, noch zu wenig thematisiert, weil Referenten und Zuhörern diese Zeit zu weit weg erscheint und sie erst einmal Vorbereitungen für die Ankunft eines Kindes treffen wollen.

Meine Fehler und die anderer sind dazu da, um nicht mehr gemacht zu werden

Im Kampf um die Menschenwürde benachteiligter Kinder bin ich mitunter übers Ziel hinausgeschossen und habe andere unnötig vergrault. Ich bin begeisterungsfähig, leidenschaftlich, fantasievoll, aber ich kann auch widersprechen, argumentieren, scharfzüngig sein und ganz ungewollt verletzen. Grundsätzlich will ich jedoch in erster Linie Frieden und entschuldige mich, wenn es nötig ist.

Im Rückblick sehe ich ein, dass ich mir mancherlei Konflikte durch weniger Radikalität und mehr Diplomatie hätte ersparen können. Heute würde ich einiges anders machen, aber damals konnte ich – ähnlich wie Martin Luther – nur sagen: »Hier stehe ich, Herr, ich kann nicht anders.«

Ungerechtigkeiten haben mich aufgebracht, und um nichts in der Welt war ich bereit, einen Millimeter abzuweichen, um das durchzusetzen, was ich für menschlich hielt. Heute sehe ich jedoch, dass Menschlichkeit und Lebensrettung verschiedene Facetten haben. Ich sehe mein Gegenüber weniger als Gegner an, um in konkreten Fällen über menschliches Verhalten zu streiten, sondern als Kommunikationspartner, mit dem ich über die Realisierung menschenwürdigen Lebens verhandle. Dabei gibt es keinen Gewinner und keinen Verlierer. Denn partnerschaftliches Miteinander bietet Lösungen, die für alle Beteiligte leb- und tragbar sind.

Für manche Grenze, die mir gesetzt wurde, bin ich dankbar, weil sie mich von der inneren Verpflichtung enthebt, mich weiterhin so zu verausgaben. Helfen werde ich nach wie vor, doch inzwischen weniger naiv und kritischer. Zur Erläuterung: Zweimal habe ich sogar für Beerdigungen gezahlt, weil die Mutter eines von mir adoptierten Kindes in Äthiopien angeblich gestorben war, ein anderes Mal der Vater eines von mir adoptierten Kindes in Sri Lanka. Behutsam hatte ich das den betroffenen Kindern vermittelt, wir hatten gemeinsam versucht, die Trauer zu verarbeiten, als wir erfuhren, dass der Betreffende putzmunter war und man sich durch die Behauptung eine größere Summe erschlichen hatte. Vor Kurzem wurde sogar eine meiner großen Adoptivtöchter von leiblichen Verwandten unter Druck gesetzt, Geld zur Verfügung zu stellen, und bedroht, als sie das ablehnte.

Um mich von fordernden Hilfesuchenden nicht bedrohen zu lassen, betone ich mittlerweile kontinuierlich, dass meine Unterstützung zeitlich begrenzt ist und lediglich der Hilfe zur Selbsthilfe dient.

Ich habe die Erfahrung gemacht, dass Menschen davon ausgehen, dass die bürokratischen Verhältnisse Deutschlands weltweit gültig sind. Formale Ungenauigkeiten wie etwa abweichende Schreibweisen eines Namens, die falsche Berechnung von Geburtsdaten bleiben in Ländern mit desolater Verwaltung und hohem Analphabetentum nicht aus. Das ist vor allem dann problematisch, wenn Menschen das Leben gerettet werden soll, die nicht registriert sind, keine Geburtsurkunde und keine Ausweise haben. Es ist schwierig zu erkennen, wer Gutes will oder Schlechtes beabsichtigt. Außerdem passiert es im Alltag immer wieder, dass vorschnelle Urteile nur aufgrund von ersten Eindrücken gefällt werden. Es könnte sein, dass ein Arzt bei Kopfschmerzen einen Hirntumor vermutet, es sich tatsächlich aber nur um die Nebenwirkungen einer rettenden Impfung handelt. Seit mir die Falle vorschneller Urteile bewusst geworden ist, überprüfe ich meine Einschätzungen von Kindern immer wieder neu unter einem anderen Gesichtspunkt und bitte auch von mir anerkannte Fachleute aus meinem Umfeld um deren Beurteilung.

Es fiel mir nicht leicht, während der für mich schwierigen Jahre meine Würde zu verteidigen. Ich bin davon überzeugt, dass mir dies ohne meinen Glauben kaum gelungen wäre. Oft betete ich im Herzen, wenn ich nach durchgearbeiteten Nächten dann im Gericht saß und mit Lügen konfrontiert wurde. Ich nahm mir Jesus zum Vorbild, der verleumdet und beschimpft wurde, ohne schuldig zu sein, und war auf diese Weise in der Lage, mich teilweise bis zu acht Stunden voll konzentrieren zu können. Ich wünsche mir für die Zukunft etwas weniger Belastung, damit ich noch viele Jahre arbeiten und die dringend zu bewältigenden und anstehenden Aufgaben erledigen kann.

Meine Zeit

Mein Wahlspruch »carpe diem« sorgte und sorgt dafür, dass ich immer Papier und Stift bei mir habe, um beim Zahnarzt, an Haltestellen, beim Friseur und selbst während des Gottesdienstes wichtige Gedanken und Einfälle notieren zu können. Auch ein Buch habe ich oft bei mir, wenn ich mit Wartezeiten rechne. In Anbetracht meines überaus langen Arbeitstages kann ich mittlerweile zu den wenigen Minuten der Ruhe stehen, die ich mir gönne. Ich will keine Zeit vergeuden. Also gestehe ich mir auch zu, mich von einer erwachsenen und bei mir mitarbeitenden Tochter bei Tisch bedienen zu lassen. Sofern eine beeinträchtigte erwachsene Tochter irgendwo mithelfen kann, dient dies sogar ihrem Persönlichkeitswachstum, und sie genießt es, wenn sie gefordert wird. Wenn Menschen in Not mich brauchen, dann bin ich zur Stelle. Während eines jahrelangen intensiven ehrenamtlichen Einsatzes in einem Asylantenheim habe ich den männlichen Bewohnern unzählige Male vorgemacht, wie ihre Toiletten zu reinigen sind. Dafür war ich mir weder in meiner Rolle als Frau zu schade, noch habe ich meine Rolle als »Leitende« dadurch beeinträchtigt gesehen. Ich stellte hygienische Anforderungen und machte vor, wie sie zu erfüllen waren. Genauso habe ich es stets in meinem Haus gemacht. Manche Tätigkeiten überlasse ich anderen nur, weil es ökonomischer ist, mich den Arbeiten zuzuwenden, für die ich qualifiziert bin. Das ist aus meiner Sicht sinnvolle Arbeitsteilung: Jeder macht das, was er gut kann. Meine höchste Wertschätzung gilt einer meiner Kräfte, einer Konditorin, die gleichzeitig perfekt im Nähen ist und die Hausarbeit wunderbar einteilen kann. Meine höchste Wertschätzung gilt auch einer meiner Töchter, die trotz ihrer beeinträchtigten kognitiven Möglichkeiten ein weitaus besseres Kurzzeitgedächtnis hat als ich, ohne ihre Unterstützung hätte ich manchml etwas vergessen. Auf diese Weise gelingt Miteinander in wertschätzender Partnerschaft.

Meine Basis

Ich bin religiös und sehe Gott als die Basis allen Lebens an. Im Verlauf der vielen Jahre wurde mein Denken jedoch offener. Um das verständlich zu machen, möchte ich eine Geschichte vom Vergleich erzählen: Fünf Menschen stehen mit verbundenen Augen um einen Elefanten herum und betasten ihn, um ihn zu »erfahren«, um ihn kennenzulernen. Einer meint, der Elefant sei faltig, ein anderer hält ihn für feucht, ein weiterer findet ihn stachelig, ein nächster glaubt ihn hart und der Letzte schließlich sagt, dass er weich sei. Als die fünf schließlich ihre Augenbinde abnehmen, stellen sie fest, dass jeder von ihnen einen Teil der Wahrheit erkannt hat, der Elefant jedoch zu groß ist, um ihn wirklich zu erfassen. Ich bin Christin, aber ich bete auch in einer Moschee, einer Synagoge, einem Tempel, im Dschungel von Venezuela oder im Eis der Antarktis. Religiöses Streben achte ich. Den Wunsch vieler Menschen nach Transzendenz und Eingebundensein in die Schöpfung respektiere ich. Ohne Religiosität wollte ich selbst nicht leben. Religiosität kann Kindern ein hohes Maß an Geborgenheit und Kraft fürs Leben geben.

Was mich bewegt

Maßgebend für mich sind Gesetz, Moral, Ethik und Verantwortung vor Gott. Ich bejahe Gesetze, da sie helfen, das Leben der Menschen so zu ordnen, dass Menschenwürde, individuelle Freiheit und Gemeinwohl berücksichtigt werden. Manchmal stand ich vor schwierigen Gewissensentscheidungen. Geholfen haben mir dabei Vorbilder, etwa Menschen, die ohne jeden Eigennutz Not leidende, Asyl suchende Menschen auf die Cap Anamur aufgenommen haben, oder Ordensschwestern, die während der Naziherrschaft jüdische Kinder mit falschen Papieren ausstatteten und ihnen dadurch ein Überleben ermöglichten. Obwohl ich den Wert und die Notwendigkeit von Gesetzen anerkenne, denke ich, dass in Einzelfällen die Rettung von Menschenleben Vorrang haben muss.

Was ich bewundere und bedaure

Meine Tage und Jahre sind reich und voll. Ich möchte nicht bewundert werden. Ich mache nur das, was viele andere Menschen ebenfalls tun: Dem Gewissen folgen, die eigenen Talente entfalten und etwas bewegen. Ich selbst bewundere viele Fähigkeiten und Leistungen meiner Mitmenschen – etwa das virtuose Geigenspiel einer Bekannten, die fantastischen Schneiderkünste meiner Helferin Lidia, das gute Zahlengedächtnis einer behinderten Frau, den souveränen Umgang meiner Kinder mit Computern und technischen Geräten.

Ich bewundere muslimische Kenianerinnen, mit denen ich vor Jahren gemeinsam für die Rechte der Frauen demonstrierte.

Auch bewundere ich die jüdisch-orthodoxe Mutter in Jerusalem, die trotz der Schwierigkeiten alles versucht, um ihren Töchtern eine vernünftige Schulbildung zukommen zu lassen. Anerkennung fand auch der Mann im Jemen, der sich – von meiner Rolle als Beraterin nichts wissend – an meinen Übersetzer wandte und ihn aufforderte, mir als Europäerin doch etwas mehr Freiraum zu geben und mich als seine voll verschleierte Begleiterin und vermeintliche Ehefrau doch nicht »zu kurz zu halten«.

Ich bewundere den buddhistischen Jungen, den ich von seiner Familie in Kambodscha Abschied nehmen sah, weil er für eine längere Zeit in der Gemeinschaft von Mönchen die Abkehr vom Wohlstand leben wollte.

Fazit: Ich bewundere jeden Menschen, der seinen eigenen Weg geht, aber seine Verantwortung gegenüber der Familie und der Gemeinschaft nicht außer Acht lässt.

Ich bedaure, dass ich früher auf das Interesse der Medien nicht eingegangen bin. Ich wollte nie im Rampenlicht stehen. Jede »Beweihräucherung« ist mir peinlich, mit Lob kann ich schlecht umgehen. Inzwischen gibt es jedoch einige Gründe für Öffentlichkeit. Sie ist der beste Schutz vor neuer Verleumdung, die Kinder werden dadurch gestärkt, und die Medien ermöglichen es mir, am Prozess einer positiven Veränderung unserer Gesellschaft mitzuwirken. Meine Mutter hat leider nicht mehr erleben dürfen, dass meine Denkanstöße zu gesellschaftlicher Veränderung öffentliche Anerkennung finden.

Verantwortung

Mein Rückblick befasst sich auch kritisch mit der Entwicklungsförderung vor Ort. Ich unterstütze seit vielen Jahren unzählige individuelle Einzelprojekte ohne Verwaltungsaufwand. Drei- bis viermal besucht jemand aus meiner Familie den Ort unseres Sozialengagements, Addis Abeba in Äthiopien. Wir helfen Frauen, sich eine eigene Existenz aufzubauen und von Zuhältern zu befreien. Ich ermögliche Kindern den Besuch von Kindergarten und Schule, damit sie bessere Zukunftschancen haben. Wir bieten Unterstützung bei Krankheit, vermitteln Ärzte und bezahlen Medikamente oder Hilfsmittel. Um die Aktionen zu bündeln, habe ich mit Freunden den gemeinnützigen Verein »Hände reichen – Hilfe zur Selbsthilfe in Afrika e. V.« gegründet. Unser Verein unterstützt unter anderem eine

Suppenküche und eine Kinderbetreuung in Addis Abeba und will in Deutschland und in Gebieten, die der Entwicklungsförderung bedürfen – in Afrika, Asien, Südamerika – tätig sein. Einige meiner älteren Kinder sind sehr motiviert, sich für bedürftige Menschen einzusetzen – sowohl in unserem Verein als auch in der Stiftung oder auf andere Art und Weise.

Um nicht nur in Afrika, sondern auch andernorts und hier bei uns helfen zu können, habe ich 2009 die »Elisabeth-Stenmans-Stiftung« gegründet, auf einer zunächst relativ geringen finanziellen Basis. Zweck der Stiftung ist es, Persönlichkeitsentfaltung generell zu unterstützen und ein Leben in Menschenwürde sowie Entwicklungen zu einem partnerschaftlichen und wertschätzenden Miteinander zu fördern. Vor allem Kinder und Menschen mit Beeinträchtigung sollen berücksichtigt werden – sowohl in Deutschland wie in anderen Ländern. Bildung, Kreativität und Gesundheit sollen unterstützt werden wie alles, was der Entfaltung Einzelner sowie der Rehabilitation und Integration dient.
Menschen eines jeden Landes sollten sich für ihre Verhältnisse mitverantwortlich fühlen. Das gilt hierzulande wie für alle Länder, insbesondere aber für die, die auf Entwicklungsförderung angewiesen sind. Wer dort eine Schule besuchen kann und genügend Kompetenz erwirbt, kann in der Gesellschaft eine Rolle spielen, sie aktiv mitgestalten und verändern.
In manchen Zeitungsberichten wird behauptet, dass ich als kinderreiche Mutter ohne meine Kinder gar nicht leben könnte. Das ist absolut falsch. Ich habe nicht adoptiert, weil mich dies glücklich macht, sondern ich habe so viele Kinder angenommen, weil ich davon überzeugt bin, von Gott dazu berufen worden zu sein. Seinem Anruf bin ich gefolgt. Trotz meiner Fehler und Schwächen war ich stets bestrebt, in dem mir möglichen Rahmen Gottes Willen zu erfüllen. Ein Leben ohne

Kinder wäre mir schwergefallen. Ich habe selbst zwei Kinder geboren und bin dafür sehr dankbar. Ein Zusammenleben mit weniger Kindern kann ich mir durchaus vorstellen. Deshalb blicke ich sehr entspannt auf die Zeit, in der auch meine Jüngsten selbstständig sind und auf eigenen Beinen stehen können. Als leidenschaftlicher Mensch möchte ich zu gegebener Zeit Erotik, Zärtlichkeit und Zartheit als Kraftquellen wieder nutzen können. Wenn Gott mir die Lebenszeit lässt, erhoffe ich mir Freiräume für die Erfüllung persönlicher Wünsche.

Gerne werde ich zu gegebener Zeit das für die Erziehung meiner Kinder notwendige Korsett einer gewissen Stärke und Konsequenz ablegen. Momentan jedoch stehen meine Kinder für mich an der ersten Stelle. Denn ich bin überzeugt, wie schon gesagt, dass Gott mir jedes einzelne Kind zugedacht hat und mich in der besonderen und alternativen Rolle als Mutter meiner Großfamilie sehen will. Folglich wollte ich stets, nachdem ich meine Berufung angenommen hatte, ein lebendiges Zeugnis sein für den Glauben an eine Zukunft, die von Gott begleitet und von Gott gesegnet ist. Ich will in dieser Welt etwas von der Liebe Gottes sichtbar werden lassen, die ich selbst empfange. Folgerichtig musste ich als junges Mädchen auch in materieller Hinsicht radikal sein. Christusnachfolge konnte ich nur umfassend leben – ohne Streben nach Geld und bequemer Anpassung. Es war für mich selbstverständlich, ein Eckstein zu sein, in meiner Jugend wie im Studium und im Berufsalltag.

Vielfältige Wege für menschenwürdiges Leben

Nach wie vor misst und reibt man sich an mir. Ich hoffe, weitere Menschen für Sozialengagement begeistern und mitreißen zu können. Mir war nie ein »oben« oder »unten« wichtig, wohl aber ein menschenwürdiges Leben für jedes Individuum. Dafür habe ich mich stets mit all meiner Kraft eingesetzt. Meine aktive Zeit als Organisatorin meiner Großfamilie mit den Bedürfnissen und Förderansprüchen der einzelnen großen und kleinen Kinder neigt sich dem Ende zu. Meine Kinder wachsen zunehmend aus den Kinderschuhen heraus und werden selbstständig. Etliche meiner erwachsenen Kinder haben sich bereits ihr eigenes Lebensumfeld geschaffen. Die Zahl der Enkelkinder wird zunehmen. Mein Aufgabenbereich wird sich verlagern. Andere erwachsene Kinder haben es sich zum Ziel gesetzt, ihren volljährigen behinderten Geschwistern weiterhin ein betreutes Wohnen in den von mir erbauten Reihenhäuschen zu ermöglichen und deren »eigenständig-betreutes« Leben auch über meinen Tod hinaus zu begleiten.

Ich habe immer dafür gesorgt, dass meine behinderten Kinder mit den nicht behinderten ganz selbstverständlich zusammenleben und füreinander da sind. Dass das richtig ist, bestätigt mir das Inkrafttreten der neuen UN-Konvention, die das selbstverständliche Zusammenleben und -arbeiten von Behinderten mit Nichtbehinderten fordert. Dies ist das dritte Mal in meinem Leben, dass ich das richtige Gespür hatte, was Erziehung und Förderung betrifft. Das erste Mal war im Jahr 1975, als ich die zweite Lehrerprüfung ablegte – unter anderem im Fach Deutsch. Ich hatte mich während meiner Referendarzeit geweigert, in den Unterrichtsstunden Aufsatz- und Rechtschreiblehrstoff zu trennen, weil ich das ganzheitliche Lernen und Erleben des Kindes in den Vordergrund stellte und dafür plädiert hatte. Das zweite Staatsexamen konnte mir keiner streitig machen, aber ich bekam keine Prädikatsnote, weil ich nicht bereit gewesen war, von ganzheitlichem Lehren und Lernen abzusehen. Jahre später durfte ich erleben, dass Unterrichtsbücher aus dem Verkehr gezogen und neue Bücher eingeführt wurden, in denen Aufsatz- und Rechtschreibstoff miteinander verbunden waren – genau mit dem Argument, das ich als junge Frau Jahre vorher gebracht hatte.

Das zweite Mal war kurze Zeit später. In einem deutschen Kinderheim zeigten viele Kleinkinder Hospitalismussyndrome, die in einem großen Saal schliefen. Man hatte sogar die Betten von Zwillingen weit auseinander gestellt, um zu verhindern, dass diese zueinander ins Bett krabbelten und einander die Nähe gaben, die sie für ihre Entwicklung gebraucht hätten. Das forderte mich dazu heraus, mich zur Promotion einzuschreiben und mit einer Doktorarbeit zu beginnen, die beweisen und aufzeigen sollte, dass durch Nähe und Zusammenlegung der Kinder vielerlei psychische Schäden verhindert und die Entwicklung gefördert werden könne. Zwar habe ich darauf verzichtet, die Doktorarbeit zu beenden, weil zu jener Zeit die Lebensrettung einzelner Kinder für mich Priorität hatte, aber in den folgenden Jahren konnte ich mit Genugtuung feststellen, dass sich in deutschen Heimen etwas verbessert hatte. Massenschlafräume waren abgeschafft und Wohngruppen gebildet worden. In Zweierschlafzimmern erhielten Kinder Raum für Intimität, individuelle Entfaltung und Nähe und damit mehr Chancen für ein positives Persönlichkeitswachstum.

Viel mit wenig erreichen

Vor fast zwanzig Jahren hatte ich in China gesehen, dass dort in einem großen Saal mehrere Patienten auf Liegen mit Akupunktur behandelt wurden und nur eine einzige Fachkraft, von einem zum anderen gehend, die Behandlung überwachte. Dieses Prinzip, mehrere gleichzeitig zu therapieren, konnte ich teilweise auch auf den Bereich des Lernens und der Psychotherapie übertragen. In einigen arabischen Ländern fanden Mütter mit therapiebedürftigen Kindern wegen des gravierenden Fachkräftemangels keine Hilfe. In einem dieser Länder wurde ich gebeten, die einzige vorhandene Fachkraft zu coachen. Mit ihr habe ich für jedes einzelne Kind zunächst ein Konzept entwickelt. Dann habe ich dafür geeigneten Frauen beigebracht, nur ganz kleine therapeutische Lernbereiche der Kinder zu überwachen und zu verstärken. Kinder mit ähnlichen Verhaltensstörungen wurden in einem Raum vereint. Der von mir gecoachten Fachkraft war es dadurch möglich, die Therapieschritte zu überwachen und weitere Verhaltensänderungen anzubahnen. Es freut mich immer wieder, wenn ich in verschiedenen Ländern etwas in Gang setzen kann, das den jeweiligen kulturellen, sozialen und individuellen Bedürfnissen entspricht und deshalb auch akzeptiert wird.

Was ich mir wünsche

Ich wünsche mir Politiker, die geradlinig sind und Belobigungen und Orden für Zivilcourage rechtzeitig vergeben. Ich wünsche mir Abgeordnete, die bei Gesetzen Ermessensspielraum lassen. Ich wünsche mir Menschen, die Flexibilität und Weitsicht zeigen, wenn es um die Ermöglichung menschenwürdigen Lebens geht. Ich wünsche mir Juristen, die unterscheiden können, ob sie es mit psychisch massiv geschädigten und daher falsch aussagenden Zeugen zu tun haben oder mit psychisch gesunden Menschen, die unorthodox vorgingen, um Menschenleben zu retten und durch ihr Leben aus der Norm fallen. Ich wünsche mir unvoreingenommene Menschen.

Mein buntes Leben

Wenn ich auf mein bisheriges Leben zurückblicke, muss ich sagen, dass es bunt und reich war an Erlebnissen. Ich habe die ganze Welt bereist, zahlreiche und auch bemerkenswerte Menschen kennengelernt, Schönes und Trauriges erlebt.

Mitunter, wenn meine Kinder über etwas jammern, bringe ich das Beispiel mit dem halb vollen und dem halb leeren Glas. Ich sage ihnen dann, dass es niemanden auf der ganzen Welt gibt, dem immer ein volles Glas zur Verfügung steht. Manch einer bleibt ungewollt kinderlos, lebt jedoch in einer zufriedenstellenden Partnerschaft. Andere freuen sich über Kinder, haben jedoch Sorgen wegen ihrer Arbeitslosigkeit. Wieder andere Menschen sind glücklich verheiratet, aber sterbenskrank. Es liegt an uns, wie wir ein Glas betrachten, ob wir es halb leer oder halb voll empfinden.

Ich habe von einigen meiner Niederlagen, Misserfolgen, Enttäuschungen, Tiefen erzählt, aber auch von vielfältigen Höhen. Nach wie vor bin ich eine Idealistin und Optimistin und will menschenwürdiges Leben für möglichst viele kleine und große Menschenschwestern und -brüder. Wenn jeder Einzelne sich in die Gemeinschaft einbringt, dann wird unsere Welt freundlicher, gerechter, friedlicher, werden Einsamkeit und Isolation durchbrochen zugunsten eines menschlichen Miteinanders.

Ich würde mich freuen, wenn ich durch mein Buch Mitstreiter und Gleichgesinnte im Einsatz für das Menschenwohl finden könnte. Hierbei zählt jedes Tun im privaten Bereich, jede Unterstützung für meine Stiftung und jede Mitgliedschaft in unserem gemeinnützigen Verein. Jede Tombola, die gemeinnützige Projekte unterstützt, jede Sammlung bei Geburtstagen oder Festen, jeder auf einem Bazar verkaufte Strumpf einer strickenden alten Frau – alles kann helfen.

Ich bin dankbar für die Begegnung mit dem Patriarchen der christlichen äthiopisch-orthodoxen Kirche. Dieser Priester – bezeichnet als Seine Heiligkeit Abune Paulos – ist ein ganz außergewöhnlicher, spiritueller und wunderbarer Mensch, dessen Persönlichkeit beeindruckend ist und dem das Wohl Bedürftiger wirklich am Herzen liegt. Zurzeit arbeiten wir zusammen, um zwei Taubstummen – einer Neunzehnjährigen und einem Sechsjährigen – durch einen vorübergehenden Aufenthalt in Deutschland mit genauer Diagnosemöglichkeit und adäquater Behandlung zu helfen. Sehr froh und dankbar bin ich, dass sich mit einigen Mitgliedern des hiesigen Adels, mit Kunstmäzenen und Medienleuten zunehmend eine fruchtbare Zusammenarbeit zum Wohl von Bedürftigen anbahnt. Not gibt es an vielen Orten: Hier bei uns sieht die Not anders aus als in Armutsländern, aber auch hier gibt es Bedürftige. Ich wünsche mir sehr, dass ins Wasser geworfene Steine – egal ob von den sogenannten Großen oder den vermeintlich Kleinen – Wellen schlagen und wir gemeinsam etwas bewegen können. Liebe im umfassenden Sinn kann die Welt verbessern! Für eine positive Veränderung wird jeder einzelne Mensch gebraucht. Kinder sind die Zukunft – und: Jedes Kind ist ein Geschenk.

Leserstimmen

Niemand kann ohne Hoffnung leben. Aber es ist etwas anderes, sich für die Hoffnung zu entscheiden, zumal nachhaltig. Ein so durchwebtes Leben lohnt. Es trägt sich und andere – manchmal viele andere.

Prof. Dr. Stephan Pfürtner, Theologe, Marburg

Das Buch ist eine eindrucksvolle Mahnung an alle, dass persönliche Zuwendung und liebevolle Betreuung für Kinder weit wichtiger sind als materielle Versorgung über das Lebensnotwendige hinaus.

Metfried Prinz zu Wied, Burg Runkel

Ebenso wie Elisabeth Stenmans bin ich der Meinung, dass die Begegnung mit der Kunst sowie das eigene kreative Gestalten bei der Entwicklung von Kindern und Jugendlichen hohen Stellenwert haben sollten. Die Schilderungen im Buch finde ich daher spannend, beeindruckend und lesenswert.

Eske Nannen, Geschäftsführerin der Kunsthalle Emden

Als Humangenetiker begegnen wir oft Ängsten. Dieses Buch schildert spannend und berührend zugleich eine familiäre Partnerschaft, die unabhängig von geistiger Behinderung oder hoher Intelligenz funktioniert, Mut macht und beeindruckt!

Privatdoz. Dr. Andrej Gencik u. Dr. Anna. Gencik, Osnabrück

Ich war bei ihr Praktikantin, lernte fürs Leben und finde Frau und Buch gleichermaßen toll!

Ann-Kathrin Pees, Erzieherin, Euskirchen

Literaturempfehlungen –
zum Nachlesen und Vertiefen

Hier nenne ich einige Bücher, deren Autoren meine Geschichten und Erlebnisse belegen. Wenn Sie mehr über die Probleme und die Verhältnisse der Länder, die ich erwähne, wissen möchten, lege ich Ihnen die Lektüre dieser Titel ans Herz.

Zum Thema Ausweise und Urkunden

Leider wird von deutschen Gerichten die Realität unserer Welt geleugnet. Dass Millionen von Müttern, wie im Buch erwähnt, für ihre Kinder keine Geburtsurkunden und keinerlei Ausweispapiere haben, hält man nicht für möglich. Dass für eine offizielle Existenz, eine Krankenversicherung, eine Adoption, die Ausstellung eines Passes für eine Ausreise zur Erfüllung der formalen Bedingungen die Geburtsdaten schließlich geschätzt und festgelegt werden, mag man nicht glauben. Hier nenne ich einige Bücher, deren Autoren dies ebenfalls belegen. Da ich auf die verschiedenen Themenbereiche in den Büchern aufmerksam machen möchte, nenne ich einige Titel mehrfach.

Almaz Böhm: *Kein Weg zu weit – Mein Leben zwischen Afrika und Europa.* **Collection Rolf Heyne, München, 2008** Insbesondere auf den Seiten 217 und 218 wird auf dieses Problem hingewiesen.

Rubina Ali: *Slumgirl – Wie mein Traum von Hollywood wahr wurde.* Knaur, München, 2009
Auf Seite 98 äußert sich die kindliche Schauspielerin zu ihrem Geburtsdatum.

Nojoud Ali und Delphine Minou: *Ich, Nojoud, zehn Jahre, geschieden.* Knaur, München, 2009
Auf den Seiten 118 und 131 wundert sich das Mädchen Nojoud über sein Alter.

Senait G. Mehari: *Wüstenlied.* Droemer/Knaur, München, 2006
Auf das Fehlen jeglicher Dokumente wird auf der Seite 64 eingegangen.

Zum Thema familiäre Beziehungen

In manchen Ländern werden familiäre Beziehungen mitunter anders gesehen als nach europäischem Verständnis. So erkennt die Gesellschaft eine biologische Großmutter oder Tante häufig als Mutter an (und stellt auf Antrag entsprechende Papiere aus), obwohl das betreffende Kind von jener Großmutter oder Tante bei der Geburt tatsächlich nur aufgenommen und erzogen wurde.
Wenn ein solches Kind nach Jahren wegen schwerer Erkrankung und Not abgegeben werden soll, ist aus Sicht seiner Gesellschaft die erziehende Mutter (also die biologische Großmutter oder Tante) für das Kind und seine Abgabe zuständig, wofür der europäischen Sicht jedes Verständnis fehlt. Das nachstehende Buch schildert diese Probleme.

Christine Schirrmacher und Ursula Spuler-Stegemann: *Frauen und die Scharia – Die Menschenrechte im Islam.* Verlagsgruppe Random House, Goldmann TB. München, 2006 Insbesondere auf den Seiten 232 und 233 weisen die Autorinnen auf die Probleme der speziellen familiären Beziehungen und Adoptionen im Islam hin.

Zum Thema Kindersterblichkeit, Analphabetismus, Zwangsverheiratung, Beschneidung

Ich habe die Antarktis, alle Erdteile und unzählige Länder mit animistischen, buddhistischen, hinduistischen, jüdischen, islamischen oder christlichen Weltanschauungen kennengelernt, habe Hochachtung vor den unterschiedlichen Kulturen und denke, dass wir viel voneinander lernen können. Keineswegs sehe ich unsere westliche Kultur als die allein selig machende an. Ich registriere zunehmend Dekadenz und Werteverlust. Einschreiten sollte man meiner Ansicht nach jedoch immer dann, wenn – oft durch Radikalisierung – existenzielle Menschenrechte mit Füßen getreten werden. Der Schutz verletzter Kinderseelen und -körper sowie die Lebensrettung von Kindern sollte weltweit höchste Priorität haben. Notfalls sollten dafür regionale Gesetze geändert werden.

Im Grundgesetz der BRD steht: »Die Würde des Menschen ist unantastbar«. Wer dies ernst nimmt, sollte Augen, Ohren und Mund vor Not und Elend nicht verschließen, und humanitäre Helfer für ihren uneigennützigen und zivilcouragierten Einsatz nicht kriminalisieren, verleumden oder deren Leistung leugnen.

Almaz Böhm: *Kein Weg zu weit – Mein Leben zwischen Afrika und Europa.* Collection Rolf Heyne. München, 2009
Bekanntlich hat Karlheinz Böhm gemeinsam mit seiner äthiopischen Frau Almaz Böhm durch die Organisation »Menschen für Menschen« viele positive Veränderungen bewirkt. In ihrem Buch beschreibt Frau Böhm die Lebensumstände in ihrem Heimatland. Vor allem auf den Seiten 249, 253, 257 und 269 werden meine Erfahrungen untermauert.

Nojoud Ali/Delphine Minou: *Ich, Nojoud, zehn Jahre, geschieden.* Knaur. München, 2009
Im Klappentext des Buchs und auf den Seiten 170 und 188 gehen die Autoren auf die Zwangsverheiratung ein.

Senait G. Mehari: *Wüstenlied.* Droemer/Knaur. München, 2006
Die Autorin beschreibt in ihrem Buch unter anderem, wie der Krieg zwischen Eritrea und Äthiopien aus ihrem Geburtsort Asmara plötzlich Feindesland machte, Familien auseinanderriss, Menschen entwurzelte und vertrieb, mit der Konsequenz, plötzlich die Nationalität zu verlieren. Vor allem auf den Seiten 34, 205 und 206 geht Senait Mehari darauf ein. Durch die Schaffung des Staates Eritrea nach dem Krieg mit Äthiopien konnte es passieren, dass Frauen zu illegalen Ausländerinnen erklärt wurden, obwohl sie ihr ganzes Leben in Äthiopien verbracht hatten. Die Aussicht auf Papiere, die ihre Existenz begründet hätten, war unmöglich geworden. Das bedeutete Probleme bei der offiziellen Existenz von Kindern dieser Frauen sowie deren Annahme.

Christine Schirrmacher und Ursula Spuler-Stegemann: *Frauen und die Scharia – Die Menschenrechte im Islam.* Verlagsgruppe Random House, München. Goldmann TB, 2006
Auf Seite 203 gehen die Autorinnen vor allem auf die Rechtlosigkeit vergewaltigter Frauen ein.

Zoya, John Follain und Rita Cristofari: *Mein Schicksal heißt Afghanistan – Eine Frau kämpft für die Freiheit.* Bastei Lübbe. Berg. Gladbach, 2002
Auf Seite 166 wird die Kinderarbeit beschrieben.

Rubina Ali: *Slumgirl – Wie mein Traum von Hollywood wahr wurde.* Knaur, München, 2009

In dem Buch von dem kleinen Mädchen, das in dem mit einem Oscar gekrönten Film »Slumdog Millionaire« (2008) mitspielt, werden Lebensumstände von Kindern in Indien deutlich (vor allem auch auf den Seiten 55 und 58).

Nachstehend die Kontonummern unseres Vereins und meiner
Stiftung für diejenigen, die durch die Lektüre des Buchs ange-
regt wurden, einen Beitrag zur Mithilfe zu leisten.

»Hände reichen – Hilfe zur Selbsthilfe in Afrika e. V.«
Postfach 1142, 53861 Euskirchen
Spendenkonto 5566047
Kreissparkasse Euskirchen
BLZ 38250110
Mitgliedsbeitrag 60 EUR pro Jahr

Der gemeinnützige Verein (Spenden und Beiträge sind steuer-
absatzfähig) legt den Schwerpunkt auf Unterstützung von Bildung und Ausbildung von Kindern und Jugendlichen in Afrika. Angefangen haben wir zunächst in Äthiopien.
Konkret geht es zurzeit um die Unterstützung einer Kinderbe-
treuungseinrichtung und einer Suppenküche in Addis Abeba
sowie um individuelle Hilfen bei Erkrankung.

»Elisabeth Stenmans-Stiftung«
Kontonr. 7384464
BLZ 30070024

Die Stiftung will Menschenwürde, Entwicklung und gesellschaftliche Integration unterstützen.
Zweck dieser gemeinnützigen Stiftung ist es, durch Unterstützung im Bereich von Bildung, Kreativität und Gesundheit die
Lebensqualität zu verbessern, wobei Kinder und Menschen
mit Beeinträchtigung eine besondere Berücksichtigung finden,
hier in Deutschland und andernorts.

Widmung

Dieses Buch widme ich denjenigen, die ich mit meiner Liebe intensiv umsorgen konnte.

Ich liebe sie über alle Höhen und Tiefen hinweg bis zu meinem Lebensende und wünsche mir nichts sehnlicher, als mit ihnen auf Erden oder im Himmel vereint zu sein:

Mit Sascha, Christine, Ingeborg, Immanuel, Alcione, Daiane, Leandro, Tiago, Regina, Liseron, Mihaela, Noel, Raphaela, Claire, Rahel, Daniela, Katharina, Daniel, Sven, Simon, Ursula, Marta, Martin, Dorothea, Jonas Maximillian, Magdalena, Vincence, Phillip Constantin, Klara Theres, Esther Marie, Eva, Benjamin, Bastian, Bernadette, Benedikt und Balduin.

Mit meinen drei Enkeltöchtern Amelie, Hannah, Ina-Maria (und weiteren noch ungeborenen Enkeln)

sowie

Martin M., Theapan, Kishanthini, Amman, Yalini, Anna, Sandra, Vivian, Tobias, David, Tini

und

Siegfried, Klaus, Bala, Mike sowie meinen Eltern, Marianne und Gerhard Stenmans, und meiner Schwester, Waltraud Prangenberg.

Mein besonderer Dank gilt meinen von Herzen geliebten Schwiegereltern Mama und Papa Schumacher, die schon vor vierzig Jahren meine Adoptionspläne unterstützten: zu einem Zeitpunkt, als alle anderen sie (noch) für unrealisierbar hielten.

Besondere Freude machten mir weit über die Arbeit am Buch hinausgehenden Gespräche und Anregungen meiner Lektorin Nina Andres.